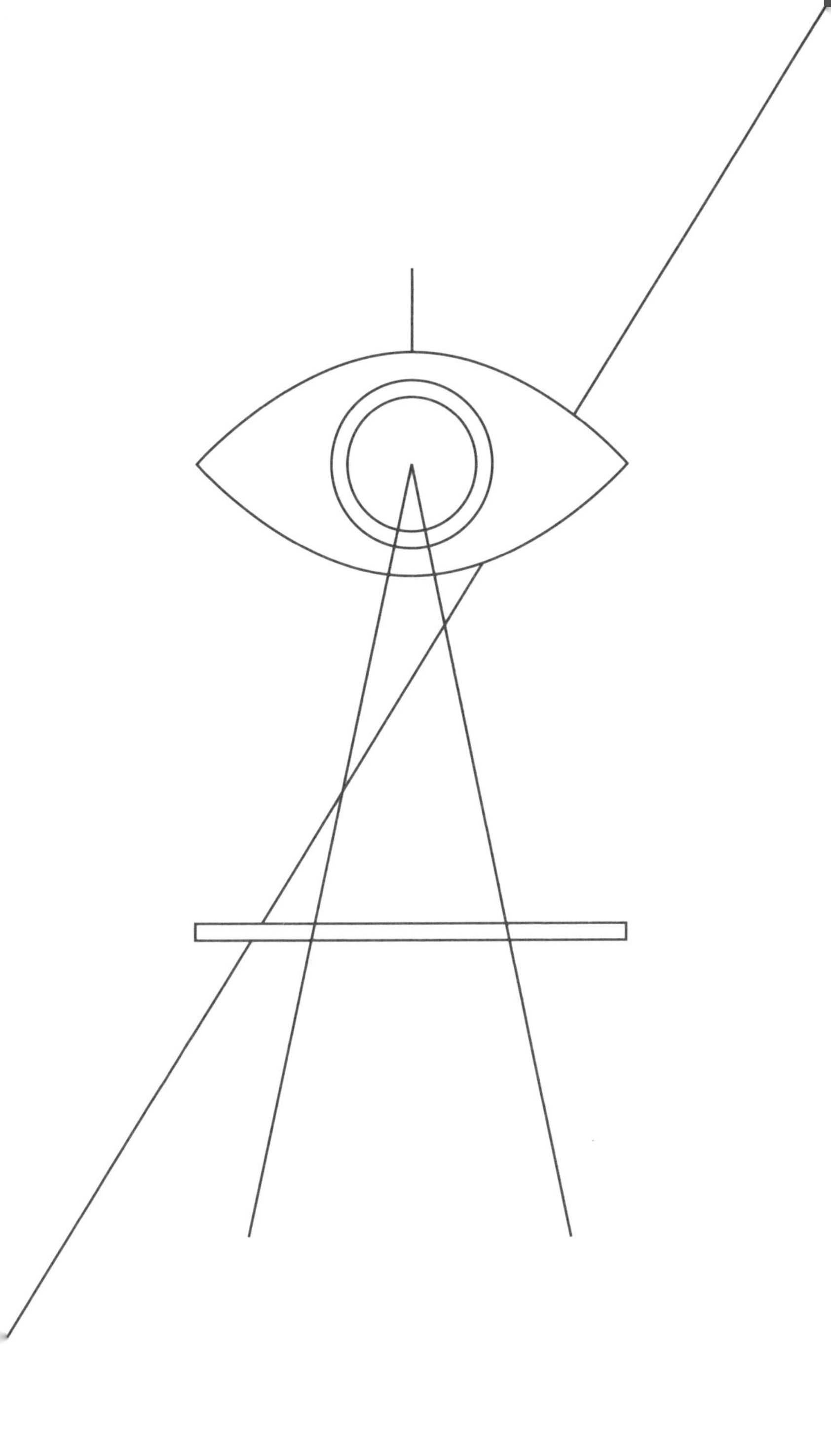

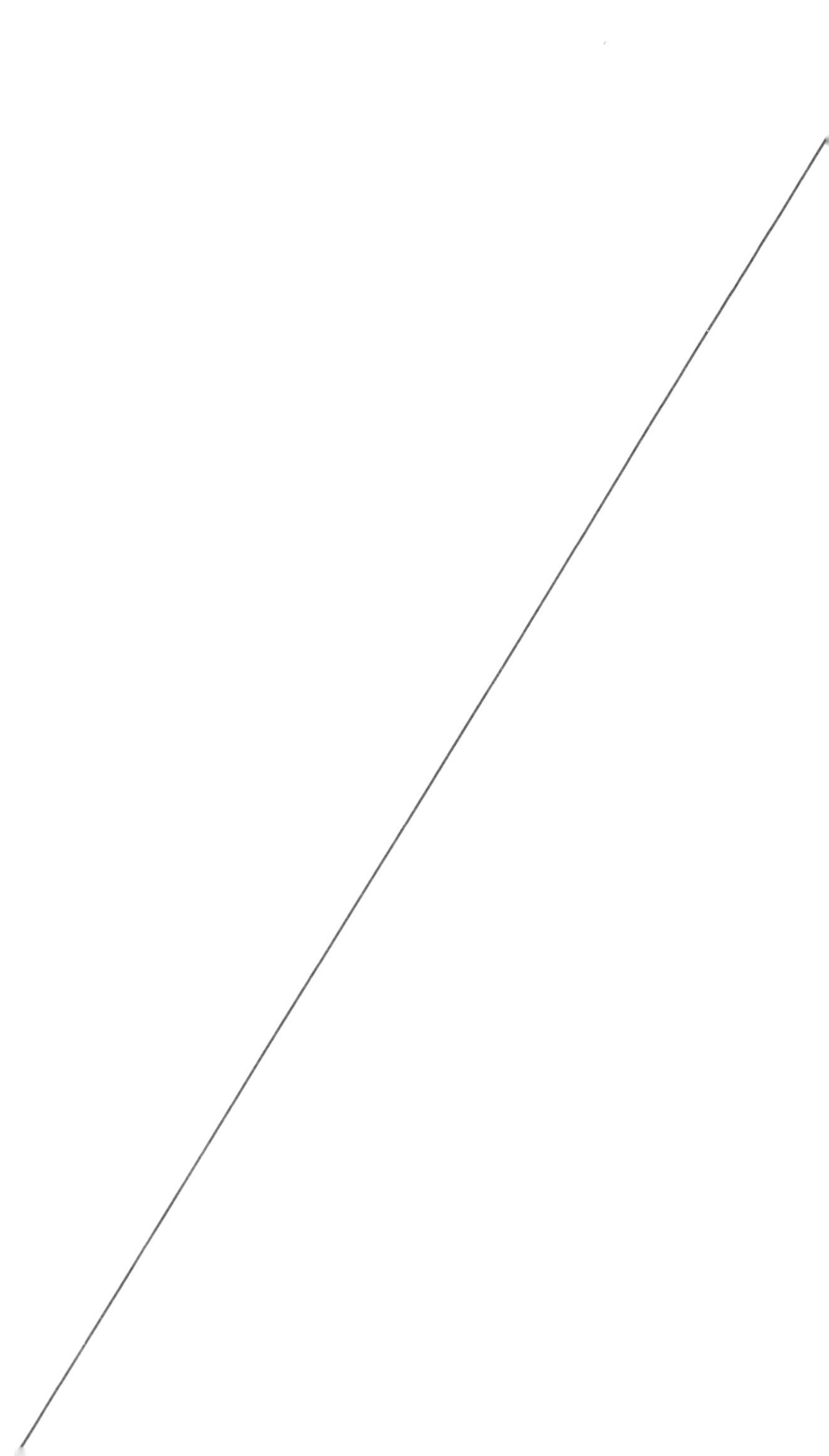

렌즈와 컴퍼스

인공지능 시대와 생각 기술

박승억

로고폴리스
LOGOPOLIS

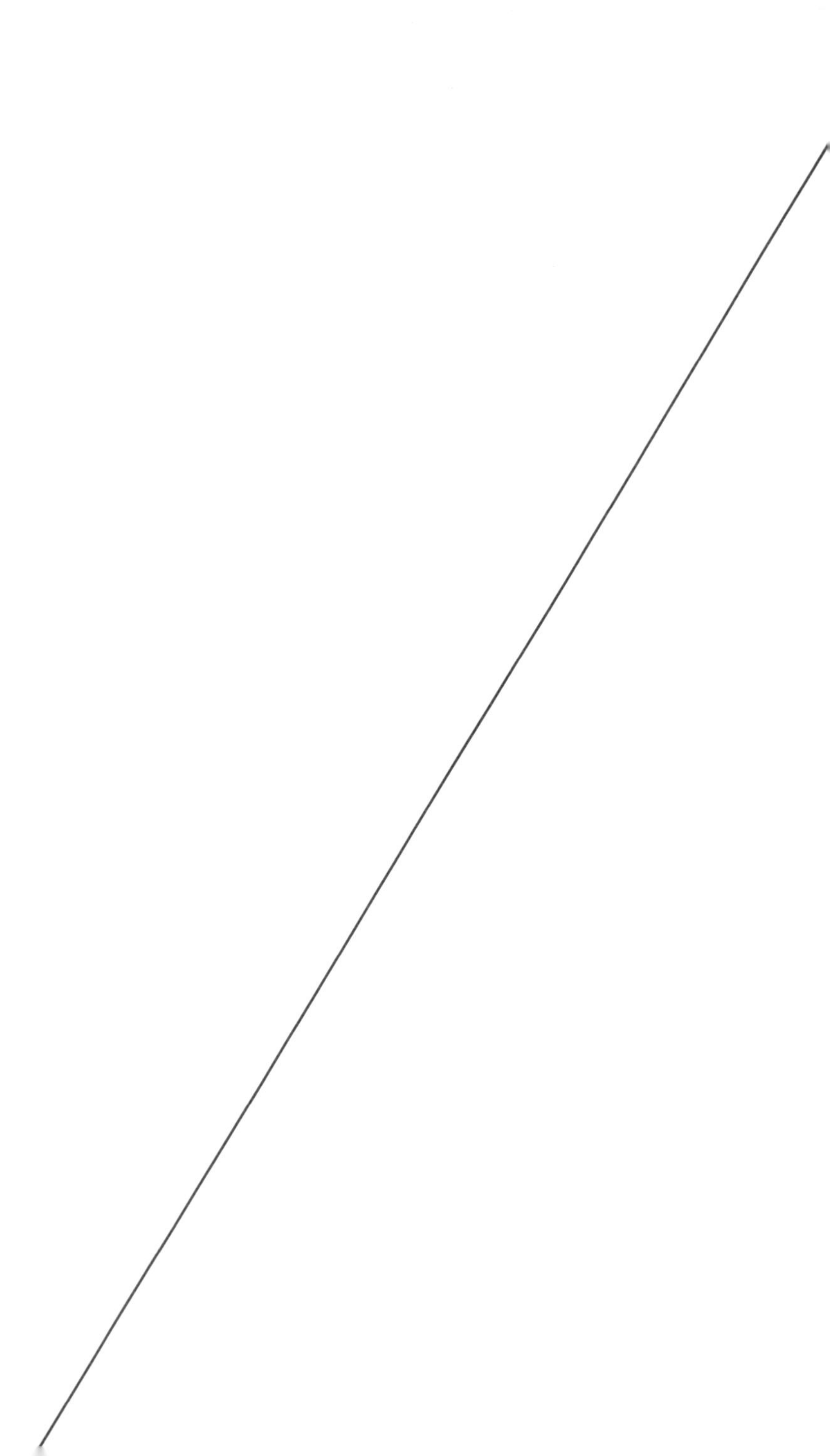

차례

II 구현하는 사유

프롤로그

보일 때까지 보인 게 아니다

¶

이 책은 인간의 독특한 능력에 관한 짤막한 이야기입니다. 누군가 인간이 지닌 여러 능력 가운데 정말 특별하면서도 우아한 능력을 하나만 꼽으라고 한다면, 어떤 대답을 할 수 있을까요? 저는 주저하지 않고 '상상력'을 꼽을 것입니다. 물론 그 상상력이 도대체 무엇이냐고 묻는다면 대답하기가 쉽지는 않습니다. 상상과 비슷한 말로 공상도 있고, 환상이나 연상이라는 표현도 있습니다. 하다못해 기억을 떠올리는 일마저 상상과 비슷하기까지 합니다. 이렇게 상상을 단순하고 확실하게 정의하기는 어렵지만 상상과 연관된 우리 의식 작용에서 공통적인 현상은, 주어진 어떤 것을 실마리 삼아 주어지지 않은 그 이상의 것을 생각해낸다는 점입니다. 그것이 바로 인간의 생각이 갖고 있는 탁월한 지점입니다.

상상력은 그저 일종의 유희가 아닙니다. 그것은

우리로 하여금 '현실'이라는 족쇄로부터 벗어나 새로운 가능성의 세계로 건너가도록 인도하는 구름다리 같은 것입니다. 다리를 건너고 나서 원래 서 있던 곳을 바라보면, 넘어오기 전에는 보이지 않던 것들이 비로소 보일 때가 있습니다. 그래서 상상력을 발휘해서 도달한 지점은 때때로 현실을 바라보는 새로운 관점을 우리에게 제공하기도 합니다. 여행을 떠나 낯선 문화를 경험하고 나면 자신이 속했던 문화의 당연한 것들이 더 이상 당연하지 않음을 깨닫습니다. 이런 세렌디피티serendipity의 체험은 현실의 문제를 새로운 시선으로 보도록 자극합니다.

'세렌디피티'라는 말에는 우연이라는 뜻이 담겨 있습니다. 마치 행운과도 같은 우연한 깨달음과 발견이 우리를 성장시킨다는 겁니다. 하지만 보려고 애쓰지 않는데 보일 리는 없습니다. 행운은 준비된 사람에게만 온다는 오래된 격언처럼, 우연한 깨달음이나 발견 역시 보려고 하는 관심과 의지가 없다면 가능하지 않습니다.

이 책은 세렌디피티의 행운에 관한 이야기가 아닙니다. 오히려 그런 우연한 발견들을 우연이 아니게 만드는 '인간의 생각하는 능력'이 주제입니다. 사실 우리 현실은 끊임없는 문제와 과제의 연속입니다. 일상의 사소한 문제부터 앞으로의 삶을 결정지을 중요한 선택에 이르기까지, 살아있다는 것 자체 혹은 생존해나간다는 것은 지속적인 문제 해결 과정의 연속입니다. 우선 주어진 문제 상황을 제대로 이해해야 하고, 그 문제를 풀 수 있는 가능한 해결책들을 모색해야 하며, 최적의 해답이라고 판단된 것을 실행해나갈 계획을 세워야 합니다. 모든 생명에게 공통된 이 지상 과제에서 인간은 자신에게 닥친 삶의 문제들을 해결하는 데 있어 지구상의 다른 생명체들과는 다른 전략을 취합니다.

지구상에 존재하는 수많은 생물 가운데 인간처럼 자연이 지정해준 삶의 방식을 많이 벗어난 존재도 없을 것입니다. 다른 생명체들이 환경에 순응해서 문제를 해결한다면, 인간은 주어진 환경을 끊임없이 바꾸어왔습니다. 그 결과로 지금의 문명을 이루어낸 것입니다. 진화의 관점에서 지구에 수많은 생명체가 있어왔지만 인간만큼 삶의 환경을 적극적으로 변화시킨 존재는 없었습니다.

그런 변화(문명)의 상징이 바로 인간이 만들어낸 도구와 기술입니다. 도구는 자신에게 부족한 어떤 것, 그 결핍을 극복해나가는 힘입니다. 자연에 존재하는 것을 도구로 활용하는 동물은 많습니다. 그러나 자신의 필요에 따라 도구를 제작할 수 있는 존재는 오직 인간뿐입니다. 이는 인간 본성과 관련된 분명한 사실 하나를 보여줍니다. 인간은 결핍을 인식하기만 하는 존재가 아니라, 그 결핍을 극복할 수 있는 무언가를 현실 속에 구현할 줄 아는 존재라는 사실입니다. 그리고 여기에 인간의 생각이 지닌 두 가지 특성이 있습니다. 하나는 생각을 통해 발견해내는 힘이고, 다른 하나는 그렇게 발견한 것을 다시 생각을 통해 현실에 구현하는 힘입니다.

발견과 구현이라는 특성이 결코 새롭거나 낯선 것은 아닙니다. 하지만 이 오래된 인간의 현실을 다시 생각해야만 하는 이유는 우리를 둘러싼 환경이 달라졌기 때문입니다. 단적으로 말해 정보를 수집하고 그에 기초해 합리적 판단을 내리는 일에 있어, 인간보다도 더 빠르고 정확하게 결과를 낼 수 있는 인공지능이 등장했습니다. 그것 역시 인간이 만들어낸 도구임에는 틀림없지만 빨리 달리기 위해 자동차를 만들어낸 것과는 사정이 다릅니다. 아주 오랫동안 우리는 인간다움을 '생각하는 존재'로 규정해왔는데, '생각하는 것처럼 보이는' 도구의 등장은 그 영향력에 있어 다른 도구에 비교할 바가 아닙니다. 특히 이 특별한 도구가 미래 인류의 일자리를 위협한다는 뉴스는 우리 불안감을 증폭합니다. 생각하는 것처럼 보이는 도구뿐만이 아닙니다. '버추얼 리얼리티' '4차 산업혁명' '사물 인터넷' 등 오늘날 우리를 둘러싼 첨단 기술과 그것이 빚어낸 새로운 존재들은 이제껏 인류가 겪어보지 못한 새로운 문제들 앞으로 우리를 내몰고 있습니다. 우리가 만들어낸 도구로 인해 환경이 변화하고 그 환경이 변화함으로써 우리 자신도 변화해야 한다는 사실 자체가 역설적이긴 하지만, 부인할 수 없는 사실인 것만은 틀림없습니다.

문제를 잘 해결하려면 무엇보다 문제 자체에 대해 좋은 질문을 던질 수 있어야 한다고 보통 말합니

다. 좋은 질문은 미처 보이지 않던 것들을 볼 수 있게 해주기 때문입니다. 한 시대를 상징하는 사상에는 항상 새로운 질문이 있었습니다. 그 질문은 대개 이전에는 미처 생각해보지 않았던 것들입니다. 질문은 생각을 안내하는 길잡이고, 보이지 않는 것을 볼 수 있게 해주는 실마리입니다. 소크라테스가 강조한 무지의 자각은 질문의 힘이 얼마나 위대한지를 보여줍니다. 몇몇 영역에서 이미 인간을 뛰어넘은 인공지능은 주어진 문제와 관련해서 쉴 새 없이 자료를 수집하고 그를 바탕으로 최적의 해결책을 찾아냅니다. 하지만 그 문제 자체에 대해 질문을 하지는 않습니다. 인공지능은 그저 주어진 것만을 봅니다. 그런 탓에 주어지지 않은 새로운 것을 볼 수는 없습니다. 새로운 것을 보려면, 그저 우연히 엿보게 된 것이 아니라 우리 의지에 따라 새로운 것을 보고자 한다면, 질문을 던져야 합니다.

보이는 것을 넘어 보이지 않는 것을 '발견'하는 힘 그리고 그렇게 새로이 발견한 것을 현실에 '구현'해내는 힘, 이 두 힘은 인간의 지적 문명을 구동하는 힘인 동시에 인간의 생각이 지닌 고유한 본질입니다.

철학자 플라톤이 위대한 까닭은 그가 감각의 눈으로는 보이지 않는 관념의 세계를 볼 수 있게 해주었기 때문이고, 프로이트가 놀라운 이유는 의식하지 못하던 영역을 인식하게 해주었기 때문입니다. 우리가 아직 보지 못하는 영역들, 예를 들면 10^{-35}미터의 세계나 10^{27}미터의 세계까지 탐색하고 들여다보고자 애쓰는 이론과학자나 그렇게 본 것을 다른 사람들에게 보이고자 시도하는 실험과학자도 그런 점에서는 마찬가지입니다. 보이지 않는 것을 보려고 하고 또 그렇게 본 것을 다른 사람도 볼 수 있도록 하려는 열정, 그것이 인간을 인간답게 해주는 '생각'의 본성입니다.

이것이 이 책에서 플라톤과 뉴턴 그리고 프로이트를 불러내어 그들 사상 속에 담긴 발견의 힘을 보이고자 한 이유입니다. 이어서 구현의 힘과 관련해서는 시인과 건축가 같은 예술가나 실험을 고안해내고 기술을 개발하는 구현의 전문가들 머릿속을 들여다보려 합니다. 물론 발견과 구현이라는 구별은 그저 차이를 강조하기 위함이 아니라 협력을 위함입니다. 아무리 좋은 발견을 해도 구현해낼 조건과 능력이 따르지 못하면 쓸모가 없고, 아무리 구현을 잘하고 싶어도 제대로 보지 못하면 옳게 구현해낼 수 없기 때문에 그 둘은 서로 상보적입니다. 발견만을 강조하거나 구현만을 강조하는 태도는 인간의 생각이 지닌 독특한 균형을 무너뜨려 절름발이로 만드는 일입니다. 그렇게 해서는 결코 멀리 갈 수 없습니다.

제목 '렌즈와 컴퍼스'*는 이런 생각에서 비롯했습니다. 이 세계를 좀 더 잘 볼 수 있게 해주는 '렌즈'가 어떤 이론적 태도를 상징한다면, 우리가 발견해낸 것들을 이 세계에 구현할 수 있도록 해주는 '컴퍼스'는 실천적이고 공학적인 태도를 상징합니다. 그 두 태도가 조화로운 협력을 이루려면, 다시 말해 요즘 유행하는 말로 성공적 융합이 이루어지려면 차이에 대한 잘못된 선입견이나 편견을 우선 제거해야

---

* 흔히 원이나 호를 그릴 때 쓰는 도구인 컴퍼스에는 또 다른 뜻이 있다. 방향을 탐색하기 위한 나침반이 그것이다. 자신이 본 것을 현실에 구현하고자 할 때, 방향을 잡고 설계한다는 중의적 의미를 제목에 담은 것이다.

합니다. 예를 들어 오늘날 광범위하게 확산되어 있는 인문학과 자연과학은 다르다는 생각은 지나치게 과장되어 있습니다. 구별해야 할 것은 오히려 이론적 학문과 실천(응용)의 학문입니다. 그런 관점에서 보면 인문학과 자연과학은 오히려 동류이며, 예술과 공학이 다른 한편이 될 것입니다. 물론 이 또한 배타적 관계가 아니라 상보적 관계를 위한 구별입니다.

요즘 우리 사회를 지배하는 열쇠말로서, 새롭고 창의적인 것을 상징하는 표현인 '융합'은 생각 방식의 이러한 차이에 대한 분명한 인식을 그 토대로 삼아야 합니다. 두루뭉술한 선 긋기가 아니라 합리적인 가지치기가 필요한 이유입니다. 창의적 문제 해결이나 융합을 강조하는 세태는 우리 사회가 앞으로 다가올 변화를 일종의 위기로 인식하고 있음을 보여줍니다. 그것은 기존 방식으로는 성공할 수 없다는 현실 진단의 또 다른 표현입니다. 뭔가 창의적인 것 혹은 성공적 융합은 그동안 보이지 않던 것을 '잘 보고' 또 그것을 '잘 구현하는' 협력을 전제로 할 때 가능하기 때문입니다. 그러려면 무엇보다도 우선 각자의 영역을 알고, 잘하는 것이 무엇인지를 분명히

해야 합니다. 그러고 나면 서로에게 무엇을 구할지를 알 수 있게 되고, 비로소 대화가 시작될 수 있을 것입니다. 이 책이 그런 대화를 위한 마중물이기를 바랍니다.

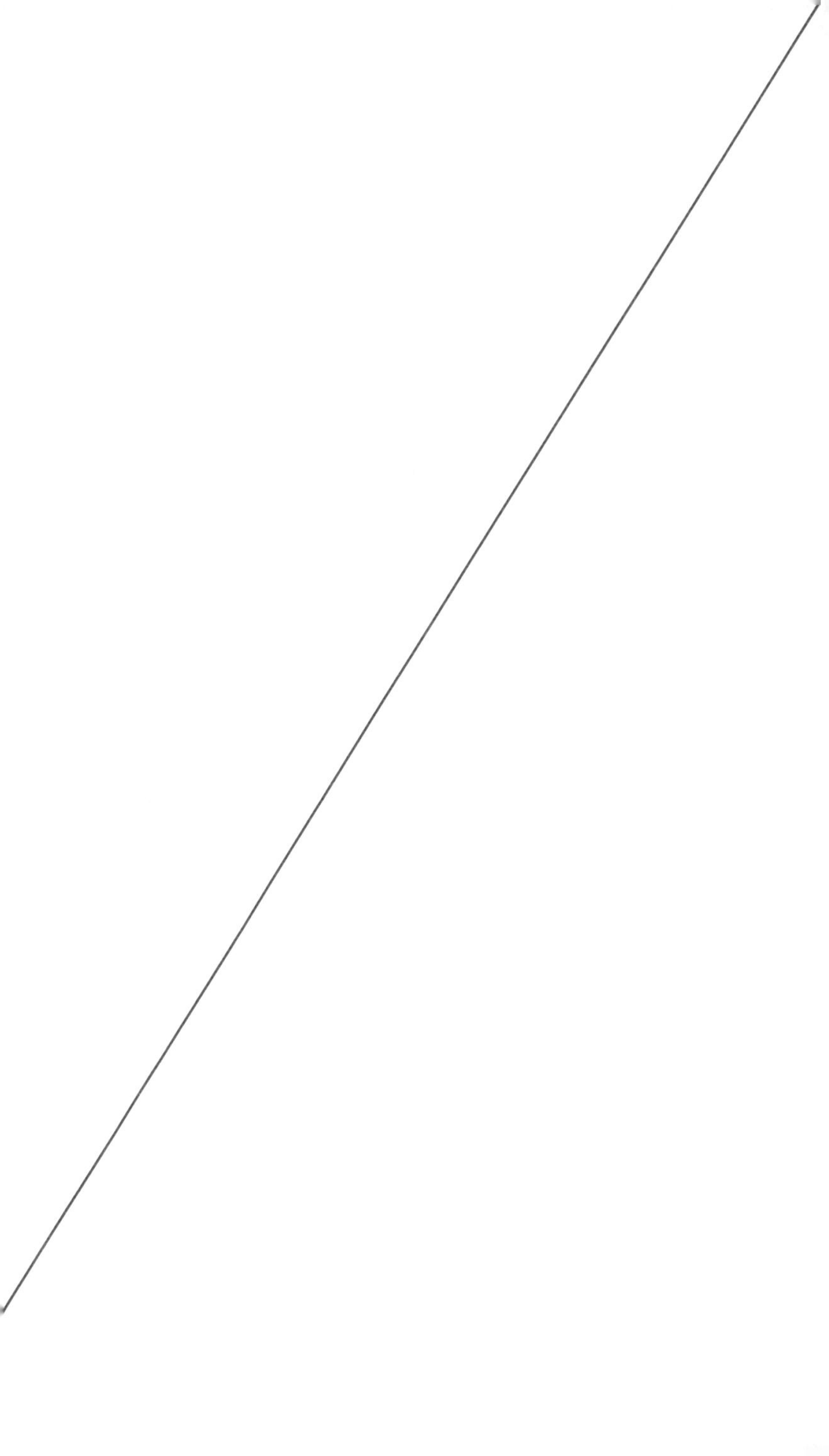

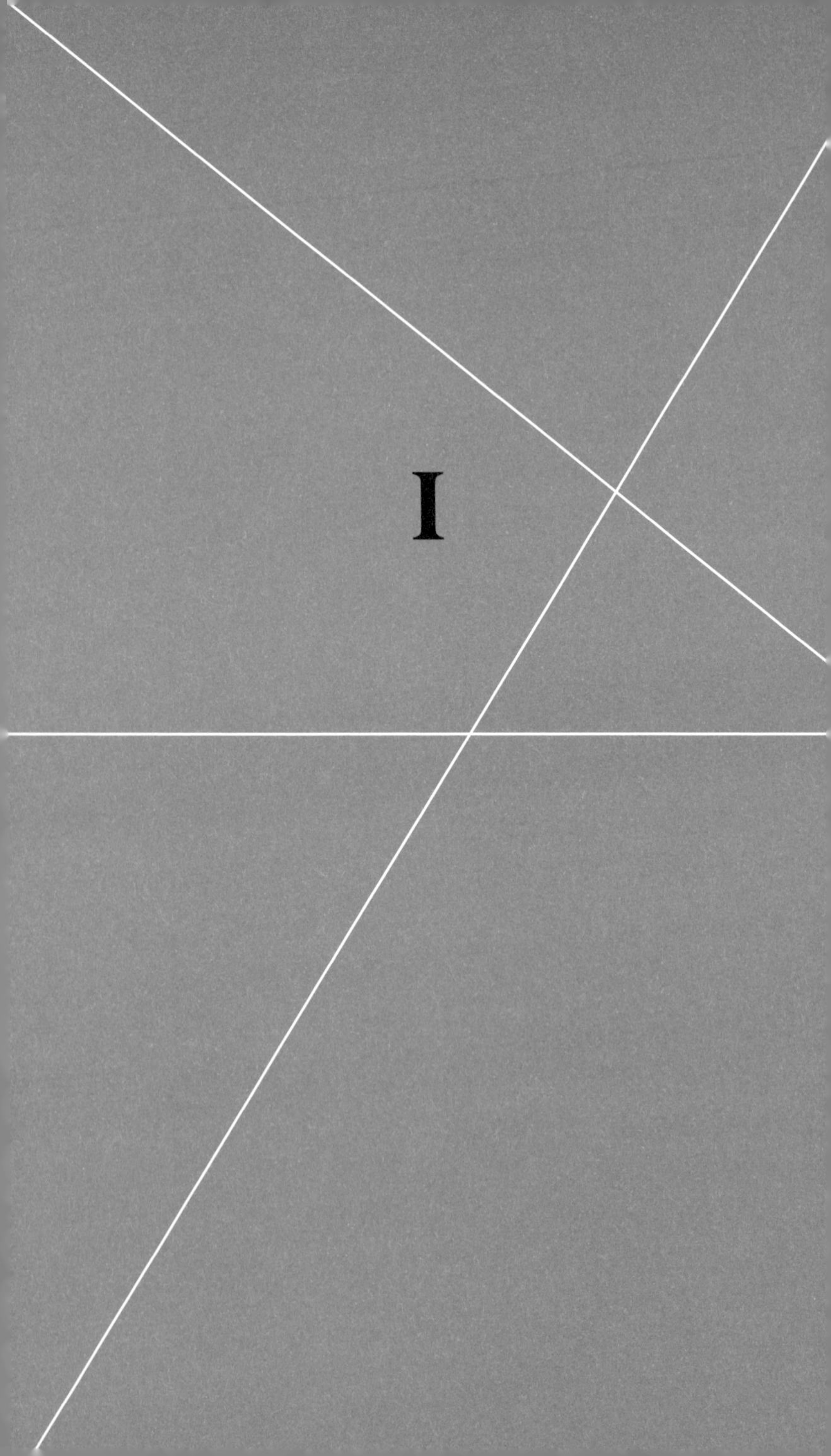

I

발견하는 인간

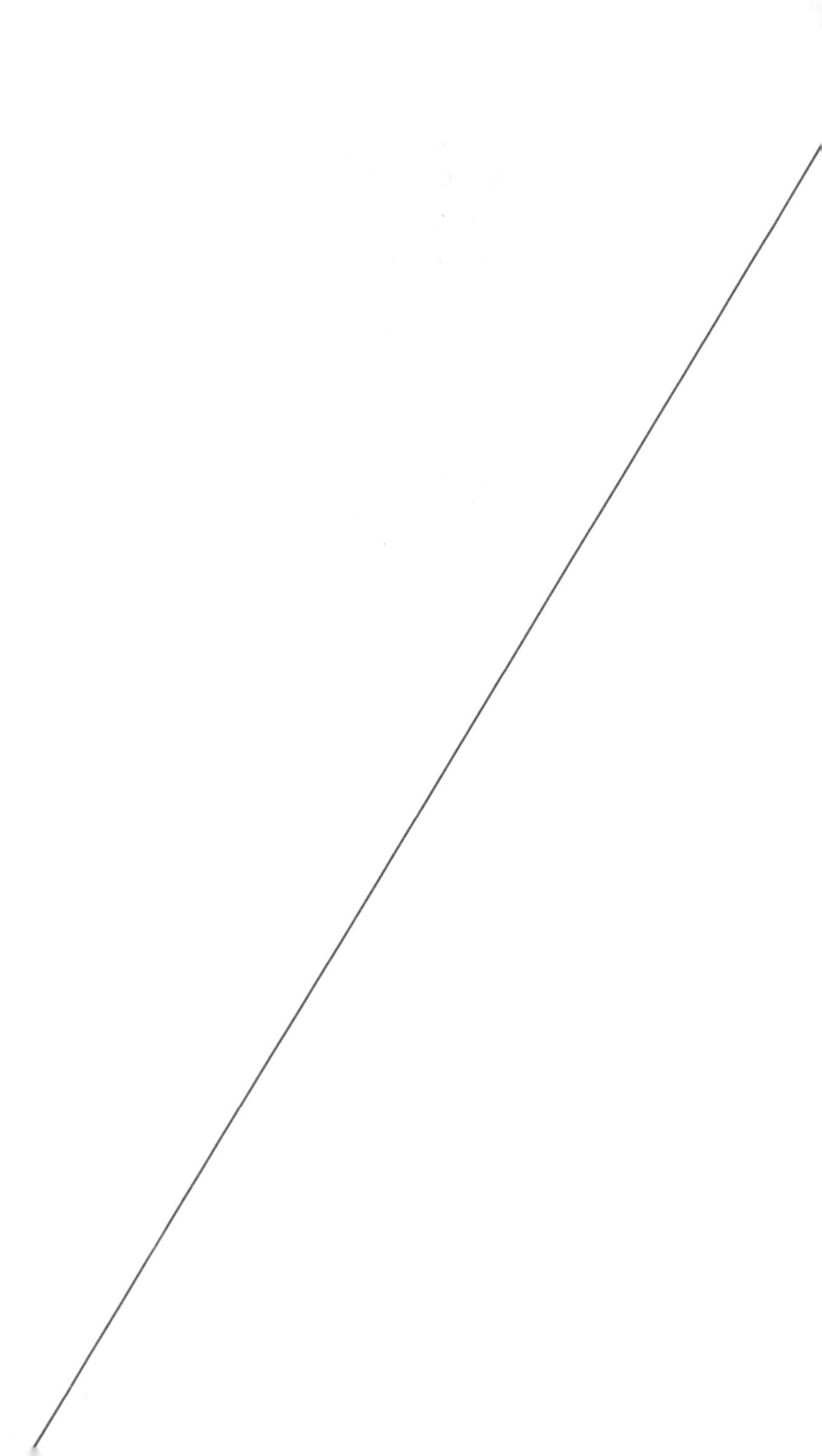

1/10 지도의 비밀

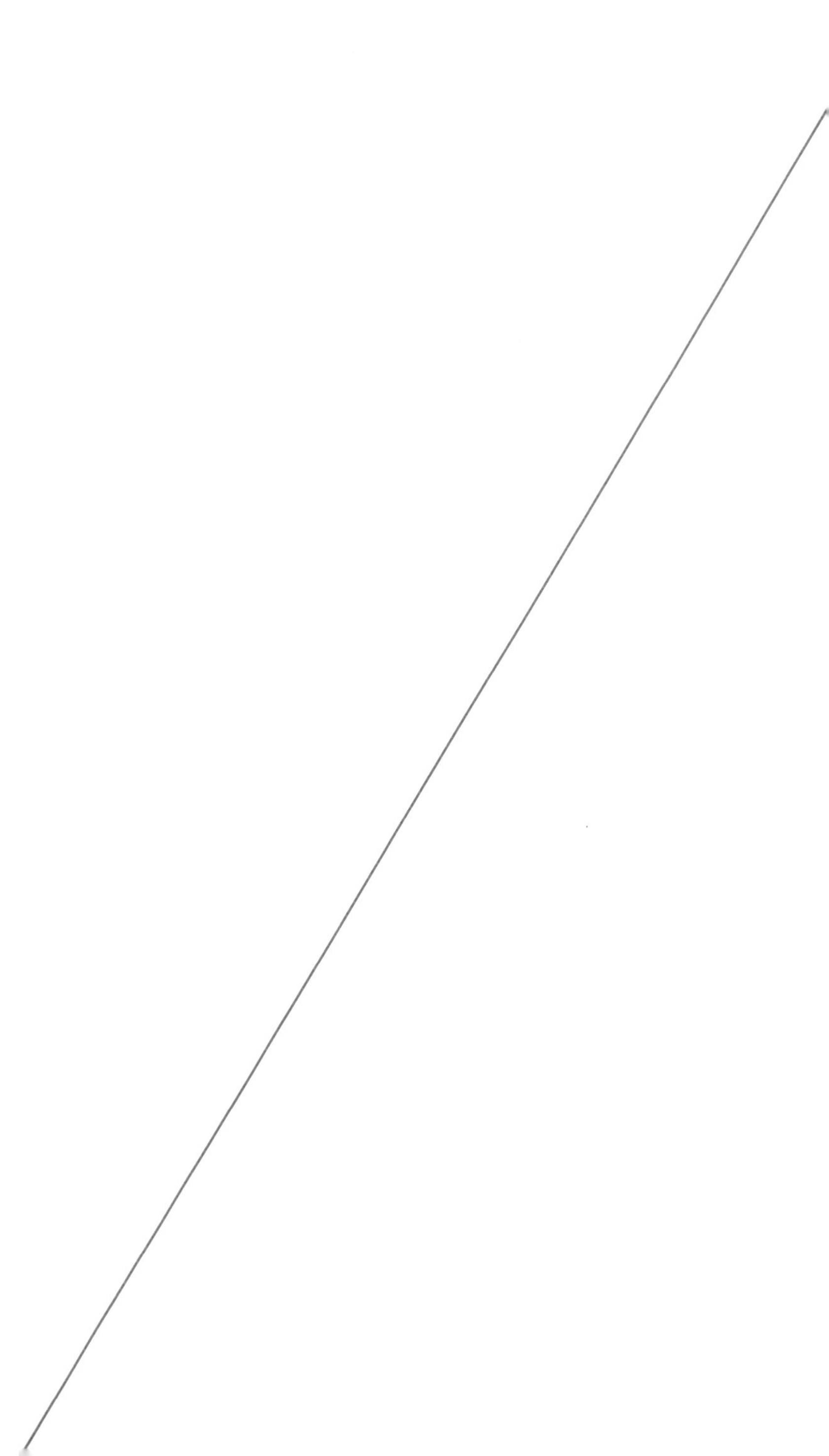

시뮬라크르의 두 얼굴

¶

아르헨티나의 소설가 보르헤스J. L. Borges는 타고난 이야기꾼입니다. 현실과 상상이 뒤섞인 그의 이야기들은 재미뿐 아니라 많은 생각거리를 던져줍니다. 그 가운데 지도를 만드는 사람들의 욕망에 관한 우화가 있습니다.(우리말 번역본으로는 «칼잡이들의 이야기»라는 책 ‹과학에 대한 열정› 편에 나옵니다.)

먼 옛날 어느 제국에서 지도를 만들기 시작했습니다. 지도 제작자들은 갈수록 더 정밀한 지도를 만들길 원했습니다. 그러다 보니 지도는 점점 더 커졌고, 어느새 제국을 덮어버릴 정도로 커다란 지도를 만들기에 이릅니다. 물론 이 거창한 지도 이야기의 마지막은 우리 짐작을 벗어나지 않습니다. 지도가 너무 커서 쓸모가 없어져서 결국에는 쓰레기가 되고 말았다는 겁니다.

프랑스의 우울한 회의주의자이자 현대 문명 비

판자였던 보드리야르J. Baudrillard는 자신의 이야기를 펼치기 위해 «시뮬라시옹»에서 보르헤스의 이 우아한 비유를 가져다 씁니다. 보드리야르의 주제는 시뮬라크르simulacre로 가득 찬 세상을 고발하는 것이었습니다. 시뮬라크르는 어떤 사물이나 사태를 가리키는, 일종의 기호적 상징을 말합니다. 예를 들어 젊은 연인의 손에 들린 장미는 사랑의 시뮬라크르일 겁니다. 또 텔레비전 뉴스 화면에 등장하는 영상들은 우리가 사는 현실이 얼마나 흥미진진한지를 보여주는 시뮬라크르입니다. 우리가 신용카드라는 시뮬라크르를 사용해서 소비하는 수많은 상품도 시뮬라크르라고 할 수 있습니다. 고급 자동차를 사면 성공한 사람이 된 듯하며, 바이크를 타면서 자유를 느끼고, 유기농 식품을 구매할 때는 건강을 얻은 양 여기는 것도 시뮬라크르 효과라고 할 수 있습니다.

이렇게 시뮬라크르는 원본을 대신해서 사용하는 기호적 상징이므로 그 시뮬라크르가 가리키는 뭔가가 실제 있다고 믿는 일은 자연스러워 보입니다. 누군가의 페이스북에 올라온 맛깔스러운 음식 사진이나 텔레비전에서 낙원 같은 휴양지 광고를 보았을 때, 정말 그렇게 먹음직스러운 음식과 아름다운 휴양지가 당연히 있으리라고 믿게 되는 것입니다. 보드리야르가 보르헤스의 이야기를 인용한 까닭은 지도가 바로 그런 시뮬라크르의 대표적 사례이기 때문입니다. 하지만 그는 보르헤스의 이야기가 오늘날에는 더 이상 시사성이 없다고 단언합니다. 보드리야르는 우리가 원본은 없고 시뮬라크르만 넘쳐나는 세상에 살고 있다고 믿었기 때문입니다.

다시 말해 진짜와 그 진짜를 가리키는 용도로 사용되는 가짜 중에서 무엇이 진짜인지를 가려내기가 어려운 상황이 되었다는 것입니다. 심지어 그 가짜가 진짜를 몰아내는 일도 생깁니다. 낙원과도 같아 보이는 휴양지 사진을 보고 여행을 가면, 기대했던 바와는 전혀 다른 현실을 만납니다. 그래서 그런 광고에 다시는 속지 않으리라 다짐하지만, 누군가의 블로그에서 그 휴양지에서 겪은 멋진 경험담을 접하고는 어쩌면 내가 지독히도 운이 없었던 모양이라며 생각을 고쳐먹습니다. 방송국마다 그날그날의 새롭고 중요한 소식들을 전합니다. 이 방송국은 이 사건이야말로 정말 중요하다고 말하는데 저 방송국은 그런 뉴스를

입에 올리지도 않습니다. 이러니 무엇이 진짜 현실인지를 가려내기도 쉽지 않습니다. 시뮬라크르의 현혹은 그렇게 대상의 종류와 방법을 바꿔가며 끊임없이 계속됩니다.

'더욱'의 함정

¶

보드리야르가 이런 이야기를 꺼낸 후 이미 많은 시간이 흘렀지만 상황은 점점 더 나빠지고 있는 듯합니다. 현실을 재현해내는 첨단 기술이 나날이 발전하고 있기 때문입니다. 첨단 기술이 만들어낸 가상현실 속에서 이런저런 것들을 체험하면서 우리는 아주 '의미 있는 가짜'들을 경험합니다. 그 가짜들이 의미 있는 한, 더 이상 단순한 가짜일 수는 없습니다. 외로움에 빠진 독거인을 위로하는 감성적 로봇 이야기도 어쩌면 그런 이야기 가운데 하나일 수 있습니다. 그 로봇은 인간의 따스한 감성을 대신하는 시뮬라크르입니다. 실재를 대체하는 시뮬라크르로 가득 찬 세상,

게다가 그로부터 벗어나기도 어려운 현실. 그래서 보드리야르의 이야기는 비관적이며 회의적으로 끝을 맺습니다.

진짜가 없는 세상을 살아가기란 확실히 우울한 일인지도 모르겠습니다. 사람과 대화하는 다정한 인공지능 로봇처럼, 사람은 아닌데 사람과 비슷해 보이는 대상에게 말을 거는 상황. 재미있기도 하지만 어느새 그것에 감정을 투사하는 내 자신을 보면 뭔가 씁쓸한 뒷맛이 남습니다. 매시간 넘치도록 쏟아져 나오는 정보들도 무엇이 중요하고 무엇이 덜 중요한지 알 수가 없습니다. 게다가 중요한 판단은 자신이 직접 하라니 생각하는 일이 점점 더 번잡스럽고 부담스럽기만 합니다. 하지만 그렇다고 해서 보드리야르처럼 비관적일 수만은 없습니다. 보르헤스의 이야기에서 우리는 또 다른 의미를 발견해낼 수 있기 때문입니다. 바로 인간의 생각이 가진 독특한 위대함, 보이지 않는 것을 보려고 하고 그것을 다시 구현하려고 하는 열망 말입니다.

보르헤스의 이야기에서 지도 제작자들은 그저 '정밀한' 지도를 만들려던 것이 아니었습니다. '더욱 정밀한' 지도를 만드는 일이 그들의 목표였습니다. 그렇다 보니 자꾸만 지도의 크기를 키워나갈 수밖에 없었습니다. 지도 제작자들이 부딪친 문제의 본질은 '정밀함'이 아니라 '더욱'에 있었습니다. 그 '더욱'이 바로 우리 시대를 지배하는 첨단 기술의 본질입니다.

우리 눈에 제대로 보이지도 않는 것마저 더욱 정밀하게 보여주려는 지도는 아마도 원본을 한참은 덮어버리고도 남을 것입니다. 세계는 언제나 우리 눈에 보이는 것 이상이니까요. 기술technology은 보이지 않는 것을 보이게 하는 방법을 뜻합니다. 망원경이라는 기술 덕에 우리는 내 시야에 들어오지 않던 것을 볼 수 있으며, 현미경이라는 기술 덕에 결코 볼 수 없었던 작은 것들을 보게 되었습니다. 그래서 기술은 계속해서 '더욱'을 외칩니다. "더 멀리, 더 생생하게, 그리고 더 정교하게!" 기술의 욕망은 끊임없이 현재를 넘어서게끔 부추깁니다.

우리가 보르헤스의 이야기에서, 그리고 첨단 기술의 '더욱'에 대한 집착에서 씁쓸함을 느끼는 까닭은 적정한 수준을 넘어선 무절제를 읽어내기 때문입니다. 마치 그리스 신화에 나오는 미다스 왕 이야기처럼 말이죠. 무엇이든 만지는 대로 황금으로 변하는 마법의 손을 갖게 된 미다스는 사랑하는 딸을 만지고 나서야 자신의 능력을 후회하게 됩니다. 그 뒤늦은 후회처럼 적절한 정도를 넘어서는 과잉은 우리를 불행하게 만들 수 있습니다. 물론 그런 과잉의 불안 때문에 인류 문명 자체를 추동해온 욕망 자체를 부인하는 것도 현명한 처신은 아닙니다. 그것이야말로 또 다른 과잉 대응입니다. 이렇게 생각하면 시뮬라크르로 넘치는 세상이 씁쓸하기는 하지만 그렇게 잿빛이기만 할 이유도 없겠죠. 보드리야르에게는 보이지 않았던 시뮬라크르의 탁월함은 보이는 것만이 아니라 안 보이는 것마저도 보이게 해주는 인간의 능력, 바로 재현하고 구현하는 능력에 있기 때문입니다.

지도는 인간의 삶을 혁신한 대표적인 지적 유산 가운데 하나입니다. 지도는 공간을 추상화함으로써 실재 세계를 모사합니다. 그렇게 추상화한 공간 위에서 우리는 미래에 대한 계획을 세울 수 있습니다. 중국 명나라 남해 원정대의 정화鄭和나 동양을 향해 서쪽으로 떠난 콜럼버스C. Columbus가 모험을 시작할 수 있었던 것은 지도가 있었기 때문입니다. 지도는 가보지 않은 길에 도전할 수 있도록 우리를 자극합니다. 가보지 않은 길을 가려면 미래를 설계하고 준비하는 과정이 필요합니다. 이렇게 지도는 계획을 세우고 실천해나가는 사유 방식을 상징합니다.

지도로 상징되는 사유의 방식은 다양한 유사 지도를 만들어냅니다. 한 개인이 자신의 삶을 위한 인생 지도를 만들기도 하고, 기술을 개발하는 사람과 사업을 하는 사람도 단계적 계획이 담긴 기술개발 지도와 비즈니스 지도를 만들 수 있습니다. 마치 모르는 길을 찾아가기 위해 중간 기착지들을 정하고, 그곳에서 무엇을 해야 할지를 정하듯이 말입니다. 더욱 좋은 지도를 만들고자 하는 욕망으로 단순히 지리적 정보만이 아니라 삶에 필요한 정보를 함께 기록하기도 합니다. 그래서 지도는 그곳에 무엇이 있고 어떤 사람이 사는지, 그들은 어떤 삶을 살고 있는지 등의 정보가 저장될 수 있는 공간입니다. 결국 지도는 미래를 준비하고 계획하는 사고를 공간적으로 추상화하고 모형화한 대표적인 시뮬라크르입니다. 그래서 지도는 인간 사유의 본성을 가장 잘 보여주는 상징이기도 합니다. 그래서 보드리야르가 보르헤스의 이야기에서 본 것은 과잉의 위험이었지만, 그 때문에 오히려 외면한 것은 바로 생각하는 일의 본성입니다.

지도는 보이지 않는 것을 볼 수 있게 해주는 도구입니다. 그곳에 가본 적이 없는 사람도 지도를 보면 마치 그곳에 있는 것처럼 상상할 수 있습니다. 그것은 하나의 개념이 작동하는 방식과도 같습니다. 개념은 우리가 주목하지 못했던 것을 비로소 볼 수 있게 해주는 수단이기 때문입니다. '자유'라는 개념은 그저 갑갑한 느낌을 넘어 억압받는 현실을 생각해보도록 이끌며, '평등'이라는 개념을 이해하면 그저 불쾌한 기분을 넘어 무엇이 부당한지를 깨달을 수 있습니다. 보이지 않는 것을 보는 능력, 혹은 그것을 볼 수 있게 해주는 능력은 오직 인간만의 것입니다.

뭔가 새로운 것, 보이지 않던 것을 보기 위해서는 우리를 붙잡고 있는 족쇄로부터 자유로워져야 합니다. 그중 가장 강한 힘을 발휘하는 족쇄는 아마 현실일 겁니다. 현실을 제대로 보지 못해서 일을 그르치는 경우가 많으니까요. 그것은 우리가 현실에 빠져 있기 때문이기도 합니다. 당면한 현실을 제대로 볼 수 있으려면 바로 그 현실로부터 거리를 둘 수 있어야 합니다. 적절한 거리를 확보해야 제대로 볼 수 있다는 것은 '시각'의 원리이기도 합니다.

우리로 하여금 현실감을 느끼게 해주는 가장 기본적 인식 수단은 바로 감각입니다. 따라서 현실로부터 자유로워지기 위해서는 먼저 우리를 붙잡고 있는 감각들로부터 벗어나는 연습이 필요합니다. 우리가 철학자 플라톤의 이야기를 곰곰이 새겨봐야 할 이유입니다.

2/10

완전성에 대한 열망

:

플라톤

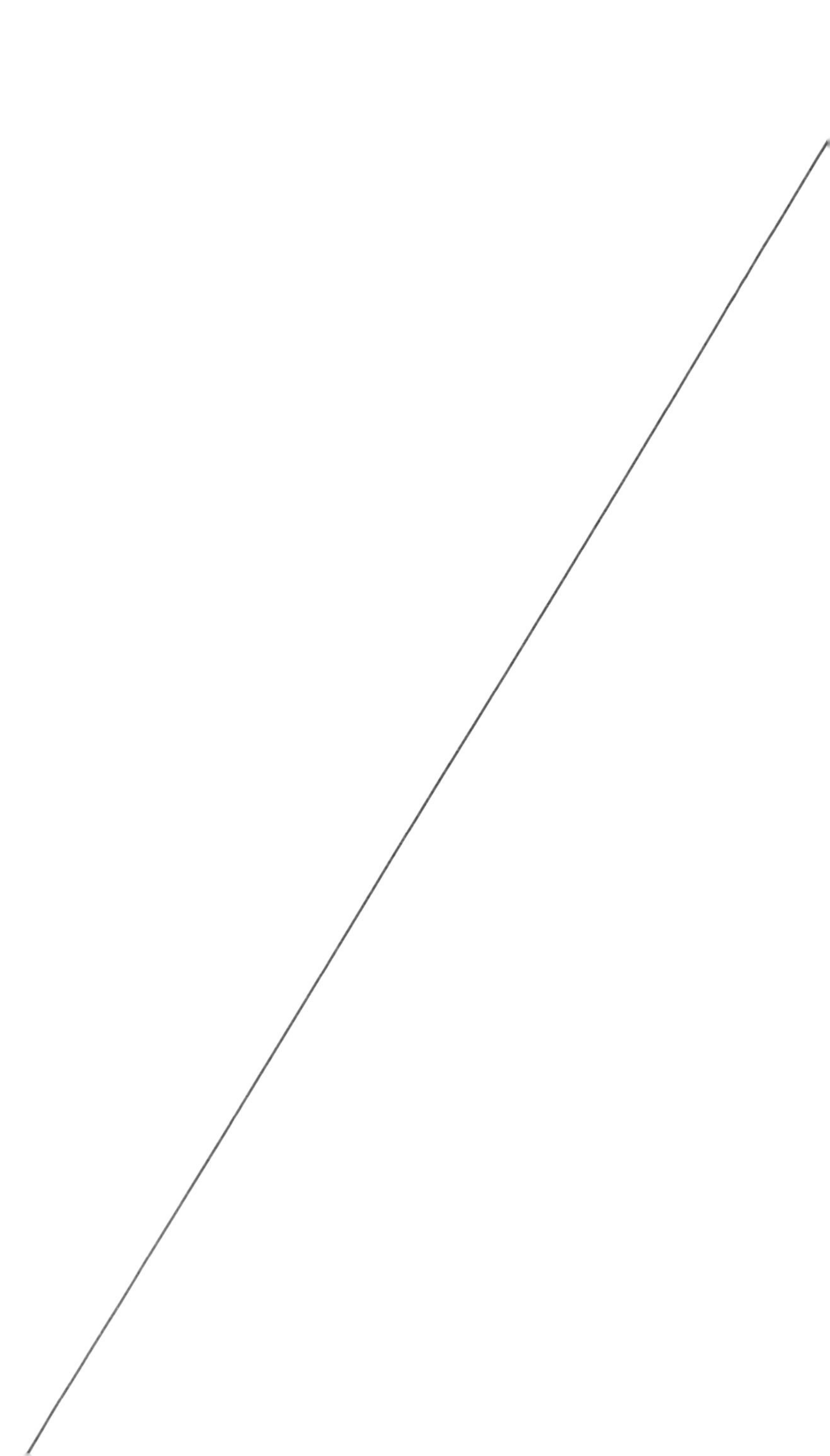

감각의 눈, 정신의 눈

¶

플라톤은 인간이 지구상의 다른 종과는 달리 감각의 족쇄에서 벗어날 수 있음을 가장 체계적인 방식으로 보여준 철학자입니다. 그는 인간이 두 종류 눈으로 사물을 볼 수 있다는 사실을 일깨워줬습니다. 하나는 마치 수갑처럼 우리를 붙잡고 있는 육체의 눈이고, 다른 하나는 그런 육체의 눈을 감아도 볼 수 있는 지성의 눈입니다.

육체의 눈은 따로 설명이 필요 없을 겁니다. 그렇다면 지성의 눈이 무엇인지 이해하기 위해서 잠깐 손을 빌려봅시다. 뭔가를 만들어보자는 것입니다. 예를 들어 책상을 하나 만들어볼까요. 나무와 톱이 있고, 못과 망치가 있습니다. 육체의 눈에 보이는 것은 그저 나무, 톱 그리고 망치와 못뿐입니다. 하지만 더불어 우리는 머릿속에서 책상의 본本, paradeigma을 봅니다. 그 본은 정신의 눈으로 본 것입니다. 단지 이미지를 그리는 것이 아닙니다. 상상 속 이미지는 감각의 눈으로 보는 것이죠. 정신의 눈으로 본다는 것은 그저 이미지를 떠올리는 일보다 더 근본적입니다. 경우에 따라서는 그 본을 종이 위에 설계도처럼 그릴 수도 있습니다. 그것은 감각의 눈으로 보다 쉽게 보기 위해서입니다.

다시 말해 정신의 눈으로 본다는 것은 그저 책상의 겉모습만이 아니라 내 용도에 맞는 책상의 쓰임새를 이해하는 일입니다. 그림으로 그려본다 함은 정신의 눈으로 본 것을 모형화한다는 의미일 뿐입니다. 그렇게 책상을 만들어놓고 우리가 육체의 눈으로 보는 것은 지성의 눈이 보았던 바를 현실에서 구현한 책상의 시뮬라크르입니다. 때로는 애초에 떠올린 이미지와는 많이 다를 수 있습니다. 현실 속 재료 탓이기도 하겠죠. 하지만 그렇게 만들어진 결과물이라도 생각했던 쓸씀이에 아무 문제가 없다면 만족하기도 합니다. 결국 우리 지성의 눈이 본 것은 책상의 이미지가 아니라 그 기능이니까요.

물론 누군가는 그가 이미 다른 사람이 만들어놓은 책상을 보았기에 그것을 기억해내는 것뿐이라고 말할지도 모르겠습니다. 그 말도 틀림없이 맞는 말입니다. 운 좋게도 잊지 않고 과거의 경험을 되살려낸 것이죠. 하지만 최초로 책상을 만든 사람은 어땠을까요? 한 번도 본 적이 없는 것을 어떻게 만들어낼 수 있었을까요? 이 세상에 존재한 적 없는 그래서 어느 누구도 본 적 없는 뭔가를 만들려면, 그는 먼저 자신이 무엇을 만들어야 하는지를 알아야 합니다. 만약 그가 그 무엇의 쓸모를 정하여 만들고자 했다면, 분명 그 기능을 이해하고 있을 겁니다. 그래서 플라톤은 틀림없이 그가 그 기능을 지성의 눈으로 보았다고 말할 것입니다.

그러면 끈기 있는 질문자는 어린 시절 나무토막들을 장난감처럼 가지고 놀다가 우연히 뭔가를 만들어보았던 기억을 되살려낼 것입니다. 그러고는 어떤 기능이나 목적을 전제하지 않고서도 새로운 뭔가를 만들어낼 수 있다고 말하겠지요. 나아가 그런 경우에도 여전히 지성의 눈이 작동한 셈인지 되물을 수도 있습니다. 하지만 그가 제시한 반대 사례에 이미 답이 있습니다. 그가 우연히 만들어낸 존재에서 보는 것은, 단순히 감각의 눈에 보이는 형태가 아니라 지성의 눈에 보이는 어떤 쓰임새일 테니까요.

플라톤의 «대화편» ‹메논›에는 이와 관련한 흥미로운 이야기가 등장합니다. 소크라테스가 노예 소년과 대화를 합니다. 대화의 주제는 정사각형이 하나 있다고 할 때, 그 면적의 두 배가 되는 정사각형을 만들어보는 것이었습니다. 물론 그 소년은 기하학에 관해서는 아무것도 배우지 않은 상태였습니다. 하지만 소크라테스는 역사상 가장 훌륭한 선생님 중 한 명이 아닙니까. 대화를 통해 지성을 일깨우는 데 그만 한 사람은 없었습니다. 소년은 소크라테스와 나눈 대화만으로 주어진 정사각형에 비해 정확히 두 배가 큰 정사각형을 이해했습니다. 대각선을 이용한 것이었죠.

먼저 주어진 사각형에 똑같은 사각형을 하나씩 더해나가 4개의 사각형을 만든 뒤 큰 사각형 각 변의 중점을 연결한 선으로 정사각의 마름모를 만들어냄으로써, 애초 □abcd의 두 배가 되는 ◇behd를 만들어낸 것입니다. 마름모나 대각선이 무엇인지도 몰랐던 소년은 이 그림을 보고 소크라테스와 대화를 나누면서 원래 사각형 넓이의 두 배가 되는 사각형을 이

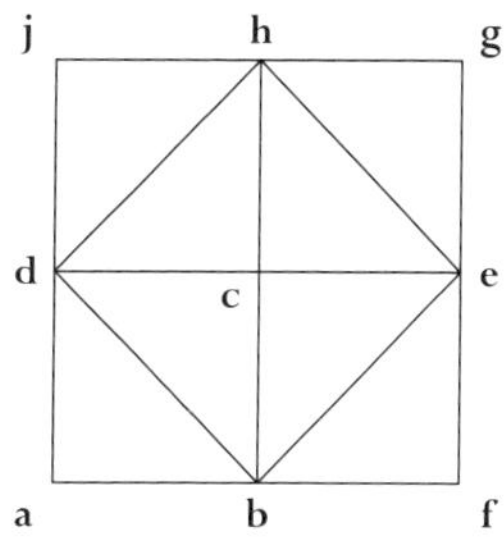

해합니다. 여기서 주목해야 할 점은 소크라테스가 그저 말로만 설명하지는 않았다는 사실입니다. 이해를 도울 그림이 없었다면 아마도 소년은 이 문제를 훨씬 어렵게 느꼈을 것입니다. 이것이 우리가 경험적으로 아는 시뮬라크르의 기능이자 힘입니다.(이제부터는 시뮬라크르를 모형模形, model이라고 부르겠습니다. 자신이 본 바를 현실에 구현하기 위해 일단 만들어보는 것 말입니다.)

플라톤은 소크라테스의 입을 빌려 우리 지성이 보는 대상이 있음을 설명한 셈입니다. 소년은 땅바닥에 그려진, 그래서 육체의 눈에 보이는 사각형만 본 것이 아니라 그것을 매개로 지성을 사용하여 관념적인 정사각형과 마름모 또한 본 것입니다. 물론 지성의 눈으로 대상을 보기 위해서는 훈련이 필요합니다.

플라톤이 자신의 학교 아카데미아 현판에 "기하학을 모르는 자는 들어오지 말라" 하고 주의를 준 까닭은 기하학이 지성을 사용하는 일에 더할 나위 없는 훈련을 제공했기 때문이었습니다. 기하학에 능한 자라면 소크라테스가 소년 앞에서 그려 보인 도형 따윈 필요하지 않았겠지요. 눈의 도움 없이 지성의 힘만으로도 분명 대상을 볼 수 있을 것입니다.(사실 지성의 관점에서는 '본다'는 말도 적합한 표현은 아닙니다. 일종의 비유적 표현일 뿐입니다.)

물론 플라톤 자신은 참된 존재가 아닌 모방으로서 모형이 갖는 역할과 기능을 탐탁지 않게 생각했습니다. 말 그대로 그것은 참된 존재가 아니기 때문입니다. 플라톤의 생각은 무척이나 직선적입니다. 그는 참된 존재는 결코 소멸하지 않는다고 생각했습니다. 소멸한다는 것은 곧 불완전하다는 뜻이며, 그런 의미에서도 모형은 참되지 못합니다. 그래서 오직 지성의 눈에만 보이는 형상eidos 혹은 이데아idea만이 참된 존재라고 여겼습니다. 현실에서 셀 수 없이 많은 책상이 만들어지고 또 사라지지만 책상의 이데아는 여전히 존재합니다. 아니 영원하다고 말할 수도 있습니다. 지금 우리가 쓰는 눈앞의 책상은 책상이라는 이데아의 한 모형일 뿐입니다.

플라톤이 이데아 이론을 통해 의도했던 바는 책상이 어떻게 생겨나는지를 아는 일만은 아니었습니다. 그의 진짜 관심은 그저 사물의 이데아만이 아니라 인간의 인간다움, 나아가 한 공동체의 이데아가 무엇인지를 아는 일이었습니다. 플라톤은 지성의 눈으로 책상의 이데아가 보이듯이 참된 인간 혹은 참된 삶, 나아가 참된 공동체의 이데아도 지성의 눈으로 볼 수 있다고 믿었습니다. 그 이데아를 알 수 있다면 무엇이 훌륭한 인간이고 어떻게 살아야 훌륭한 삶이며 어떤 공동체가 훌륭한 공동체인지도 알 수 있겠죠. 실제로 인간의 좋은 삶과 훌륭한 공동체의 본성을 보는(아는) 문제는 플라톤에게 가장 중요한 질문이었습니다. 물론 단지 아는 데에서 끝나지는 않지요. 자신이 아는 것을 현실에 어떻게 구현할지가 더욱 어려운 문제이기도 합니다. 그래서 플라톤은 일종의 딜레마에 빠지고 맙니다.

적도의 수수께끼

¶

우리가 경험하는 모든 것, 특히 감각적으로 경험하는 모든 일이 결국은 이데아의 모형에 불과하다면, 우리가 현실에서 겪는 모든 일은 본성적으로 불완전할 수밖에 없습니다. 누군가 지성의 눈으로 본 이데아를 현실에 구현하고자 한다면, 불완전한 것을 이용해서 완전한 것을 구현해낼 수밖에 없습니다. 다시 말해 우리가 사는 (적어도 플라톤의 입장에서는) 불완전한 소재로 가득한 이 세상에서 완전한 이데아를 완벽하게 구현할 방법은 원리상 없기 때문에, 이데아를 이 세상에 구현하려는 자는 필연적으로 비극의 주인공이 될 수밖에 없을지 모릅니다.

역사가 말해주듯이 플라톤 자신이 그 비극의 주인공이기도 했습니다. 그는 이탈리아 땅 남쪽 시라쿠사에서 자신의 정치적 이상, 즉 지혜로운 철인이 통치하는 나라를 구현하고자 했지만 실패하고 맙니다. 그를 초청한 현실의 군주는 철인이 아니라 잔혹하고 탐욕스러운 자였고, 플라톤의 개혁은 이해관계를 셈하는 사람들에 의해 좌절됐습니다. 조화롭고 훌륭한 공동체를 꿈꾸었으나, 그가 겪어야 했던 현실은 자신의 정치적 이상을 구현할 수 없는 불완전한 모형들의 세계였던 셈입니다.

불완전한 소재로 완전한 것을 구현할 수는 없습니다. 그래서 플라톤의 비극은 그가 모형들을 평가절하 할 때 이미 예고된 일인지도 모릅니다. 사실 플라톤은 모형들을 평가절하 한 적이 없을지도 모릅니다. 평가절하란 대개 상대적 개념입니다. 완전한 것을 기준으로 하면 현실에 존재하는 모든 것은 그 이하이게 마련입니다. 그래서 이데아는 일종의 극한으로 생각하는 편이 옳습니다. 가장 이상적 상태로서의 완전한 존재 말입니다. 책상의 이데아는 책상의 가장 완전한 상태를 말합니다. 집과 자동차의 이데아는 가장 완전한 집과 자동차일 것입니다.

비록 현실의 소재들이 불완전한 존재이긴 하지만, 그것이 우리가 사는 현실인 한 무의미하다고 치부할 수는 없습니다. 그래서 현실의 소재로 이데아를 구현하기 위해서는 일종의 타협점을 생각해야만 합니다. 그 타협점은 우리에게 주어진 현실과 이데아 모두를 제대로 알 때 발견될 것입니다. 플라톤 역시 이데아를 본 자가 현실에서 그 이데아를 구현하려면 일종의 모순적 상황에 직면할 수 있음을 예감한 모양입니다. 때문에 그는 적도適度, to metrion, 다시 말해 적절한 정도를 측정하는 기술을 중요하게 생각했습니다. 이데아가 현실에 구현되는 과정은 그 조건에 따라서 달라질 것이며, 그런 한에서 지혜로운 자는 주어진 현실을 고려하여 적절성의 정도를 찾아내야만 할 것입니다. 보르헤스의 이야기에 나오는 비운의 지도 제작자들은 바로 그 적도를 만족시키지 못한 탓에 자신들의 위대한 작업을 쓰레기로 마무리했던 것이지요. 첨단 기술을 개발하는 사람도, 보다 아름다운 사회를 위한 개혁을 꿈꾸는 사람도 마찬가지입니다. 적절한 정도를 찾는 일, 바로 그것이 그들이 풀어야 하는 수수께끼입니다.

비록 훌륭한 정치적 공동체를 꾸려보려던 플라톤의 시도는 비극적 결말을 맺었으나(그는 도망자처럼 시라쿠사 섬을 빠져나올 수밖에 없었다고 합니다), 그 사건이 우리에게 주는 시사점은 적지 않습니다. 바로 모형이 지닌 기능적 탁월성입니다. 모형을 만들어보는 일은 불완전한 것들로 이루어진 현실에서 완전한 것이 어떻게 구현될 수 있는지를 시험해 보는 과정입니다. 그리고 직접 해보기 전에는 보이지 않던 것을 보이도록 하는 과정입니다. 우리가 무엇인가를 제작할 때 여러 모형을 만드는 이유는, 가장 적합한 상태를 결정하기 위함입니다. 그런 점에서 우리가 이렇게 저렇게 모형을 만들어보는 일, 즉 플라톤이 말한 적도를 가늠하는 과정은 모두 맥락 의존적 혹은 상황 의존적입니다. 그리고 맥락은 끊임없이 변해갑니다. 비록 이데아 자체는 그렇지 않더라도 말입니다. 우리 삶이 멈춰 있지 않은 것처럼 현실의 맥락은 끊임없이 변화합니다. 결국 모형을 만드는 일도 재조정을 필요로 합니다. 상황의 맥락이 바뀌면 모형도 바뀌어야 합니다. 낡은 모형을 고집하는 일은 적응에 실패할 수도 있는 위험한 선택입니다. 다음 단계로 진화하지 못하고 소멸해가는 모든 것들이 바로 그렇습니다. 변화된 환경은 낡은 것을 고집하도록 놔두지 않습니다.

현실과 이데아, 그 비극적 간극

¶

철학자 플라톤의 위대한 점은 육체의 눈으로는 보이지 않는 이데아를 우리가 정신의 눈으로 본다는 사실을 일깨워준 데 있습니다. 그 이데아를 현실에서 구현해나가는 과정은 완전성을 향한 도정이기도 합니다. 비록 현실과 이데아 사이의 간극이 때로는 비극을 빚어내기도 하지만, 결국은 그 비극적 간극이야말로 인간으로 하여금 완전성을 향해 나아가도록 자극하는 원동력이기도 합니다.

그런데 말입니다. 인간이 이데아를 본다고 함은 곧 어떤 존재자의 완전한 상태를 안다는 것이고, 따라서 그 사실 자체가 혹시 인간 지성의 완전성을 뜻하는 바는 아닌가라고 생각해볼 수 있습니다. 다시 말해 어떤 존재자의 완전성은 발견된다기보다는 인간 지성에 의해 부여되므로, 도리어 완전한 것은 인간의 지성이 아닌가 하고 생각해버리는 것입니다. 이는 더 좋은 것을 써본 사람만이 그보다 못한 것의 단점을 찾아내기 쉽다는, 우리의 자연스러운 경험으로부터 추리할 수도 있습니다. 어떤 것이 불완전하다는 경험으로부터 그 불완전함이 다 제거된 완전함을 상상하는 것입니다. 사실 플라톤 역시 그런 생각을 하지 않았을까 싶습니다. 인간의 지성을 신적인 능력으로 보는 태도는 고대 그리스의 지적 풍토이기도 했으니까요. 르네상스가 본받고 싶어 했던 고대 그리스의 활력도 그러한 지적 분위기였습니다.

인간 지성의 탁월함을 거의 신적 수준까지 격상하는 태도는 인간의 가능성을 믿었다는 점에서, 특히 인간의 자긍심을 한없이 높여준다는 점에서 분명 큰 힘을 발휘했습니다. 하지만 그들의 시선을 사로잡은 화려한 빛 때문에 제대로 보지 못하는 면도 늘어나게 됩니다. 현실은 늘 어느 정도 어두움에 가려져 있습니다. 빛을 비추면 그 현실이 드러나기는 합니다만, 어둠에 가려진 곳을 비추기 위해 빛이 이동하는 순간 또 새로운 어둠이 만들어집니다. 한때는 밝았던 그곳이 다시 어둠 속으로 사라지고 말죠. 다시 말해 빛은 필연적으로 그림자를 만들어냅니다.

플라톤과 비슷한 생각을 하는 사람을 관념론자라 부르며, 그들의 독선적 문제 해결 방식을 비판하는 사람들이 있습니다. 자신이 보는 것이 진리라 믿고 그것만을 고집하고 강요한다면, 이내 독선과 폭력으로 흐를 수 있기 때문입니다. 그래서 관념론을 비판하는 사람들은 인간 지성의 불완전성을 인정하는 데 주저해서는 안 된다고 힘주어 말합니다. 이런 비판자들은 확실히 지적으로 겸손한 사람일 것입니다. 하지만 인간의 불완전성을 강조하는 것이 그렇게 바람직하기만 한 일까요? 누군가는 그 불완전성을 방패삼아 자신의 허물을 가릴지도 모릅니다. 홀로코스트라는 인류 역사에서 가장 커다란 폭력을 저지른 사람 중 한 명인 아이히만은 자신이 저지른 폭력의 책임에서 그렇게 빠져나갑니다. 자신은 군인이었으며 따라서 명령에 복종할 수밖에 없었노라고 말입니다. 그래서 인간 지성의 불완전성을 인정하는 일보다 더 어려운 것은 우리가 완전성을 추구하고 있다는 사실 그 자체를 인정하는 일인지도 모릅니다.

우리 지성이 불완전하다고 인정하는 일은 그다지 어렵지 않습니다. 각자 자신의 삶을 돌아보면 실수투성이기 때문입니다. 하지만 용기 있는 자는 그 불완전성에 굴복하거나 좌절하지 않습니다. 불완전하지만 그럼에도 언제나 완전성을 추구할 수 있다는 사실 자체를 인정하는 태도, 이것이 아마도 인간 지성의 현실에 대한 정직한 묘사일 것입니다. 완전성에 대한 추구든 불완전성을 받아들이는 일이든, 물론 지나친 것은 좋지 않아 보입니다. 고대 그리스 격언에도 이런 말이 있었죠. "무엇이든 지나치지 않게!"

플라톤이 인간 지성의 완전성에 대해 어떤 생각을 했는지를 분명히 밝히는 일은 문헌학적 작업일 것입니다. 다만 여기서 우리는 그에게서 하나의 열망을 봅니다. 인간 지성은 보이지 않는 것을 볼 수 있으며, 그 보이지 않는 것을 보이도록 하기 위해 혹은 구현하기 위해 애쓰는 운명을 타고났다는 점에 대한 믿음 말입니다. 이러한 완전성에 대한 믿음과 열망을, 우리는 시대를 훌쩍 뛰어넘어 근대라는 이념을 완성시킨 인물 뉴턴에게서 다시 볼 수 있습니다.

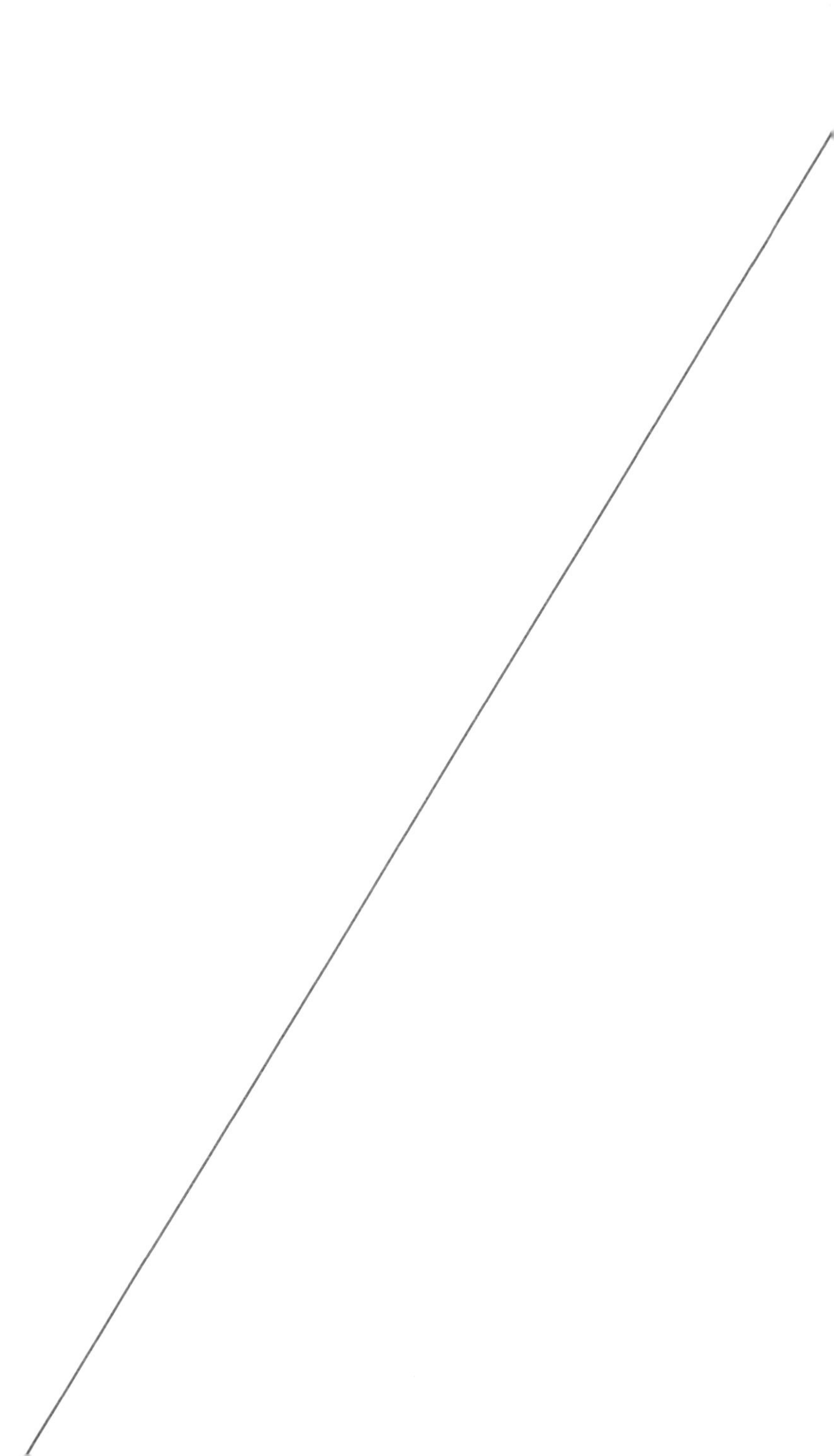

3/10

보편이라는 유토피아

:

뉴턴

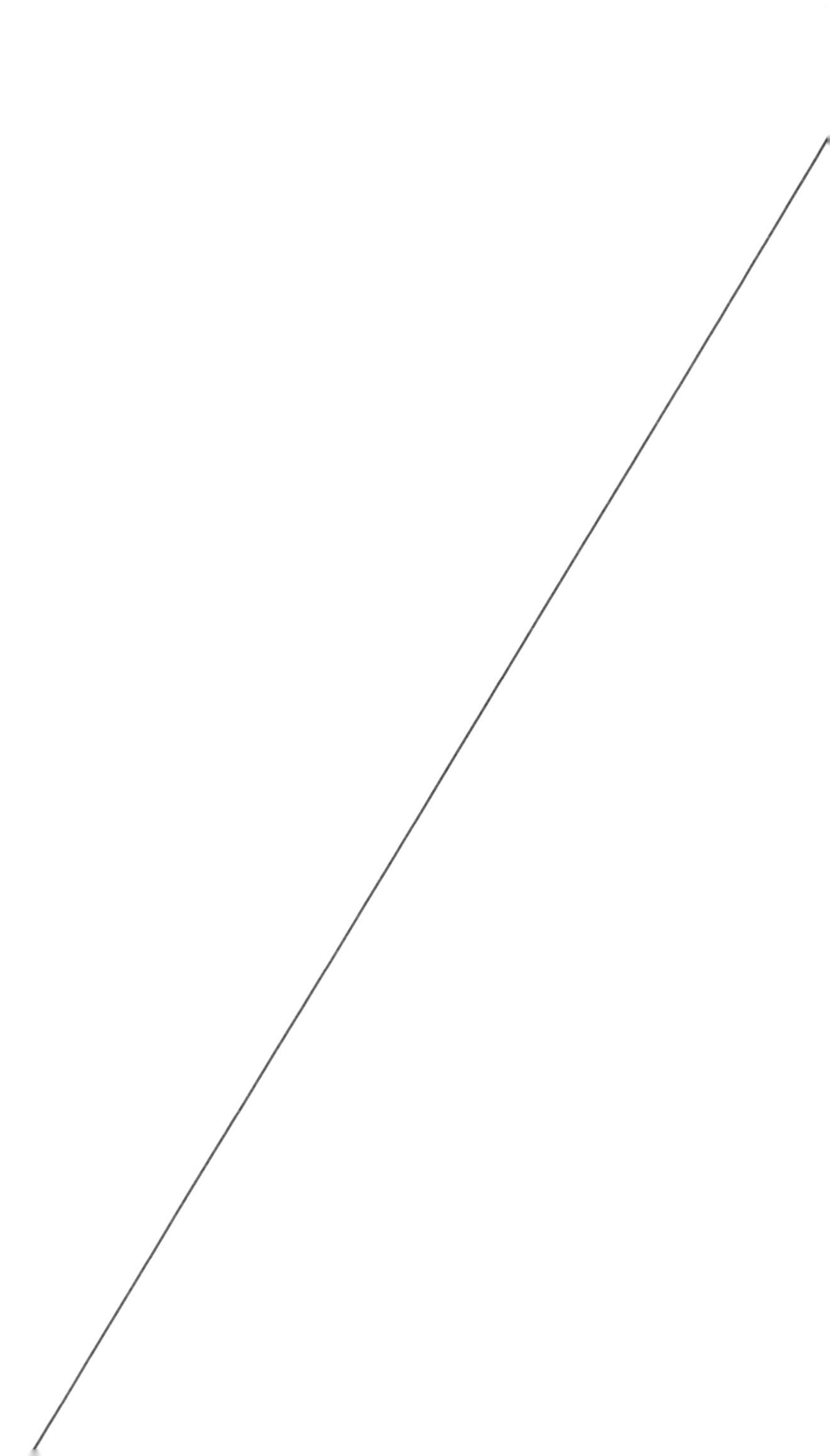

인류와 사과

¶

인류 역사에서 가장 사연 많은 과일을 꼽으라고 하면 결코 빠질 수 없는 게 있습니다. 바로 사과입니다. 전해오는 이야기들이니 진위 여부에 힘을 뺄 필요는 없지만, 아무튼 인류 역사에서 중요한 분기점을 상징하는 순간을 사과가 독차지한다는 사실은 자못 재미있는 일입니다.

우선 트로이 전쟁의 시발점이 된 파리스의 사과가 있습니다. 신들의 잔치에 초대받지 못해 화가 난 불화의 여신 에리스가 황금사과를 던져놓고는 가장 아름다운 여신이 그 사과의 주인공이라고 말합니다. 헤라와 아테네 그리고 아프로디테, 세 여신이 나서서 자신이야말로 사과의 주인이라고 주장했으나 누가 감히 여신들의 미모를 평가하겠습니까. 우여곡절 끝에 심판관이 된 트로이의 왕자 파리스는 황금사과의 주인공이 아프로디테라고 판결을 내립니다. 세상에서 가장 아름다운 여인을 얻게 해준다는 아프로디테의 약속 때문이었습니다. 물론 다른 여신들도 왕으로 만들어주겠다는 엄청난 제안을 합니다만, 야망이 크지 않았던 파리스의 마음을 흔들지는 못했던 모양입니다. 그런데 문제는 아프로디테가 약속한 세상에서 가장 아름다운 여인 헬레나가 이미 유부녀였다는 점이었습니다. 그녀는 대 아가멤논 가문의 둘째 메넬라오스의 아내였습니다. 결국 파리스는 선택의 대가로 강성했던 왕국이자 자신의 고향인 트로이를 멸망시키는 전쟁의 도화선이 되고 맙니다.

근대적 이념을 완성한 아이작 뉴턴I. Newton이 만유인력 법칙을 발견한 순간에 때마침 추락한 것도 사과였습니다. 고대 그리스 문명의 세력 확장을 상징하는 파리스의 사과도 분명 의미 있지만, 뉴턴의 사과만큼은 아닙니다. 뉴턴의 사과는 그동안 서로 다른 세계로 분리되어 있던 천상과 지상을 연결해준 주역입니다. 인류 문명에서 사과가 자랑스럽게 이름을 내밀 수 있었던 것은 오직 뉴턴의 사과 덕분입니다.

갈릴레이라는 이름에서 연상되는 피사의 사탑 이야기처럼, 실제로 그랬는지는 알 수 없으나 뉴턴의 눈앞에서 사과가 떨어짐으로써 그에게는 천상의 운동과 지상의 운동을 모두 설명하는 하나의 보편적 원리가 떠오릅니다. 그 원리는 자연의 법칙이라고도 말할 수 있습니다. 보편 법칙의 탄생, 그것은 아마도 인류 역사에서 근대라는 이념의 탄생을 알리는 위대한 순간이었을 것입니다. 뉴턴의 발견은 그저 사물의 운동을 설명하는 역학 원리를 찾아낸 것이 아닙니다. 바로 세상의 시작부터 끝까지 변하지 않는 '법칙'이 있음을 보여준 일대 사건이었습니다.

물론 그런 법칙의 힘을 지녔던 원리들은 그 전에도 많았습니다. 가령 신앙심이 충만했던 시대, 창조주의 말씀은 그런 힘을 가진 으뜸 원리였겠지요. 그러나 뉴턴은 초월적 존재에 의지하지 않고 오직 인간 지성의 힘으로, 이 세계에 법칙이 있음을 그리고 만물이 그 법칙에 순종해서 움직이고 있음을 증명한 것입니다. 이는 세계에 편재하는 우주적 질서를 지성의 힘으로 발견할 수 있음을 가장 분명히 입증한 사건이기도 했습니다. 게다가 그 형식은 아주 간단해 보이고 명료합니다. 즉 두 물체 사이에 작용하는 힘은 거리의 제곱에 반비례하고 두 물체의 질량의 곱에 비례한다는 것입니다. 이 간단해 보이는 원리는 천상의 운동과 지상의 운동은 다르리라는 당대 사람들 믿음에 반할뿐더러, 세상의 변화가 더 이상 창조주의 기분에 따라 달라지는 것이 아니라 정해진 원리에 따라 움직인다는 믿음을 입증해주었습니다.

갈릴레이의 또 다른 질문

¶

중세로부터 근대에 이르기까지 종교적으로 경건한 사람들을 괴롭힌 문제 중 하나는 '왜 창조주는 우리에게 시련을 주는가?'였습니다. 타락한 개인에게 시련이 생기는 일은 그럴 만하지만(아니 마땅히 그래야 한다고 믿지만), 커다란 재난이나 전염병 같은 재앙은 악인은 물론이거니와 선량하고 믿음 깊은 사람마저도 비켜 가지 않습니다. 그것은 아무리 생각해도 이해하기 어려운 신의 뜻이었을 겁니다. 요즘 생각해 보면 너무나 어처구니없는 마녀재판에 수많은 사람이 현혹되었던 까닭도, 자연이 왜 그렇게 행동하는지를 이해하지 못했기 때문일 테고요. 기상이변으로 농사가 망해 기근에 시달리거나 지진이나 전염병 같은 재앙이 일어났을 때, 마녀사냥이 빈발했던 것은 결코 우연이 아닙니다. 실제로 마녀사냥의 사회심리학적 효과는 대단해서, 첨단 과학의 시대인 오늘날에조차 여러 형태의 마녀사냥은 사람들의 어두운 마음을 파고드는 효과적인 마약입니다.

그런 시대에서 뉴턴이 발견한 법칙은 세계가 창조주의 기분에 따라 이리저리 움직이진 않으며 자연은 냉엄한 질서에 따라 한 치 어긋남이 없이 움직인다는 걸 보여주는 상징이었습니다. 따라서 자연 재앙을 더 이상 신의 노여움이나 악마의 농간이라고 생각하지 않아도 된다는 뜻이었습니다. 이것이 근대인에게 어떤 의미였는지는 셸리M. Shelley의 소설 «프랑켄슈타인»에서 인공 생명을 창조한 비극의 주인공 빅터 프랑켄슈타인의 말에 잘 드러납니다.

> 나에게 세계란 밝혀내고픈 비밀이었다. 호기심, 숨겨진 자연의 법칙을 알아내려는 부단한 연구, 그리고 마침내 그 법칙이 내 눈앞에 펼쳐졌을 때 느낀

날아갈 듯한 기쁨이었다.

마치 정확한 시계가 규칙에 따라 바늘을 움직이듯 흔들리지 않고 움직여가는 자연의 질서를 알아낼 수 있다는 것이 인간에게 얼마나 큰 자긍심을 주었을지 능히 짐작할 수 있습니다. 사실 뉴턴의 발견은 이미 갈릴레이가 개척해놓은 길에서 만난 중요한 이정표라고 할 수 있습니다.

갈릴레이는 우리가 오감을 통해 알던 세계를 전혀 다른 방식으로 볼 수 있다는 사실을 알려준 장본인이었습니다. 그런 점에서 갈릴레이는 플라톤의 후예였다고 말할 수 있습니다. 그 다른 방식이란 바로 수학입니다. 그는 세계가 수학적 언어로 기술될 수 있음을 깨달았으며, 그것이 진리를 발견하는 데 아주 효과적 방법이라는 사실을 눈치챘습니다. 세계를 수학적으로 이해한다 함은 우리가 경험하는 자연에 대해 감각이 빚어놓은 색깔을 지워버린다는 의미입니다. 다시 말해 갈릴레이의 수학적 방식은 질적인 차이들을 소거하고 오직 측정할 수 있는 양으로만 세계를 보려는 태도였습니다. 이러한 전환의 장점은 수학이라는 언어가 보편적이라는 사실에서 비롯합니다. 동시에 객관적이기도 하죠. 수학적 언어로 말한다면 누구든 같은 대상에 대해 동일하게 말할 수밖에 없기 때문입니다.

플라톤이 그랬듯 갈릴레이도 우리가 시각에 의지하지 않고 세계를 볼 수 있는 또 다른 방식을 제시한 셈입니다. 하지만 갈릴레이의 새로움은 세계를 표현할 수 있는 새로운 언어를 제시했다는 점에 있습니다. 물론 당대의 수학이 완전히 새로운 언어는 아닙니다. 이미 플라톤 역시 수학을 알고 있었으니까요. 그러나 플라톤의 관심은 세계를 수학적으로 묘사하고 표현하는 데 있지 않았습니다. 그러한 관심은 오히려 피타고라스가 원조였습니다. 플라톤은 수학을 넘어선 보다 근원적 원리, 오늘날의 표현을 쓰자면 형이상학적 원리에 주목했고, 그러한 형이상학적 원리는 수학적으로 묘사되기가 어렵습니다. 또 비록 피타고라스학파가 세계를 수학적 질서로 묘사해내는 선구자이기는 했지만 그들의 수학 언어는 신화와 종교적 의미로 채색된 것이었습니다. 그런 점에서 갈릴레이의 수학적 언어는 과거와는 다른 새로움으로 볼 수 있습니다. 갈릴레이는 신화나 종교적 의미가 깃든 수학이 아니라 그저 수학 그 자체인, 그래서 과거와는 전혀 다른 언어를 사용했기 때문입니다.

갈릴레이는 형이상학적 원리에는 별다른 관심이 없었던 듯합니다. 오히려 그는 자연의 질서를 있는 그대로 기술하는 데 지대한 관심을 두었습니다. 그것은 눈에 보이는 대로 기술하기보다 수학적으로 보이는 대로 기술하기를 의미합니다. 감각은 언제나 오류를 저지를 수 있기 때문입니다. 플라톤과 갈릴레이가 감각을 신뢰하지 않았다는 점에서 그리고 사물을 보는 새로운 관점을 제시했다는 점에서는 비슷하지만, 무엇을 보여줄 것인가에 대해서는 서로 생각이 달랐던 것입니다. 플라톤이 형이상학적 원리를 보여주고자 했다면, 갈릴레이는 세계의 현상적 질서를 객관적으로 기술하는 방법을 보여주고자 했습니다.

플라톤이나 아리스토텔레스가 형이상학적 원리에 관심을 두었던 이유는 그것이 '왜?'라는 물음에 대답해주는 설명적 기능이 있었기 때문입니다. 반면 갈릴레이는 그런 물음에 관심을 두지 않았습니다. 사물이 왜 지상으로 낙하하는지에 대한 이유는 묻지 않고, 오직 어떻게 낙하하는지에 대해서만 관심을 가졌습니다. 예를 들면 자유낙하운동에서 물체의 낙하 거리는 시간의 제곱에 비례한다는 식입니다. 인간의 지적 호기심은 끝없이 왜라는 물음을 던지게 마련인데 형이상학적 이유에 대한 물음과 대답에 대해 관심을 두지 않았던 것이 의아하기도 합니다. 하지만 갈릴레이는 그런 물음과 대답을 둘러싼 그동안의 논쟁들이 무익하다고 믿었다지요. 형이상학적 물음과 해답은 사실상 객관적 검증이 불가능하므로, 서로가 진리라고 주장하는 논쟁이 끊임없이 되풀이될 수밖에 없습니다. 실제로 갈릴레이 이전 중세 철학자들 사이에서 벌어진 수백 년 간의 논쟁들은 갈릴레이가 형이상학적 물음이 무익하다고 생각하게 만든 이유이기도 했습니다.

궁극적 원인을 묻기보다는 현상이 실제로 어떻게 변하는지를 묻는 것, 이러한 물음 방식의 변화는 단순히 질문 종류의 전환을 넘어 세계를 이해하는 패러다임이 달라지는 결과를 낳았습니다. 인간 지성의 오래된 숙제인 '자연이 어떻게 변화(운동)하는지'를 측정할 수 있는 고도로 추상적이고 일반적인 방법을 생각해냈기 때문입니다.

자연이 어떻게 변화하는지를 알아내는 일은 말 그대로 인간 문명의 숙제였습니다. 그 비밀을 몰랐기에 속수무책인 경우가 많았고, 그 때문에 창조주의 자비에 더더욱 매달려야 했습니다. 갈릴레이 이전 자연철학자들이 왜 그렇게 변화의 원인을 알아내는 일이나 그런 자연의 변화에서도 결코 변하지 않는 것이 무엇인지를 알아내는 일에 관심을 두었는지도, 그런 맥락에서 보면 충분히 이해할 수 있습니다. 변화의 원인을 알면 어떻게 변화할지 예측할 수 있다고 믿었기 때문입니다.

갈릴레이는 변화와 운동의 궁극적 원인이 무엇인지에는 관심을 두지 않았습니다. 그런 탐구는 오히려 무익하다고까지 생각했습니다. 그래서 그런 변화의 역학적 성질을 어떻게 다룰 수 있는지에만 관심을 가졌고, 결국 그런 변화들을 측정 가능하며 객관적인 수학적 언어로 표현할 수 있음을 보여준 것입니다. 얼핏 사소하게 여겨질 수도 있는 이 물음 방식의 변화에서 근대라는 세계, 나아가 오늘날 우리 삶이 향유하고 있는 과학기술 문명의 싹이 트기 시작합니다.

그리고 마침내 뉴턴에 이르러 꽃이 피기 시작한 것입니다.

뉴턴이 열어 보인 미래

¶

마치 여호수아와 그를 따르던 백성들의 함성에 여리고 성벽이 무너지듯, 자연의 굳게 닫힌 성벽을 무너뜨리는 전쟁이 갈릴레이의 선언과 함께 시작되었고, 그 위대한 전투의 용맹한 선봉장은 바로 뉴턴이었습니다. 종교적으로 경건했고 신비주의자이기도 했던 뉴턴이 결과적으로는 자연 질서의 비밀을 인간의 손에 넘겨주었다는 사실은 일종의 역설처럼 보입니다.

뉴턴은 지상의 운동이나 천상의 운동이나 동일한 법칙을 따른다는 것을 입증함으로써 인간 지성의 능력이 어디까지 이를 수 있는지를 간접적으로 보여주었습니다. 세상을 수학적으로 이해하고 법칙을 통해 설명하는 일은 미래를 예측할 수 있는 힘과 희망을 줍니다. 정확한 계산에 따라 일식이 일어날 때를 예측하고 언제 바닷물이 빠져 길이 생기는지를 알아내, 위험에 대비하고 계획을 세울 수 있는 거죠. 공명 선생은 언제쯤 동남풍이 불어올지를 알고 적벽의 그 위태로운 전쟁에서 상황을 뒤바꿀 수 있었습니다. 세계를 수학적으로 이해하고 법칙을 통해 설명한다면, 신의 능력에 비견할 만한 일도 인간이 해낼 수 있게 되는 것입니다.

인간은 본성적으로 미래를 품고 사는 존재입니다. 동서양을 막론하고 원인과 결과로 세상 변화를 설명하려는 모든 시도의 심리적 동기는 자신의 현실이 왜 이러한지를 이해하고 지금의 행위가 미래에 어떤 결과를 가져올지 알고자 하는 인간의 호기심입니다. 비록 신과 같이 모든 일을 미리 알 수는 없으나, 원리적으로는 계산 가능하다는 희망을 보여준 사람이 바로 뉴턴이었습니다. 실제로 근대 과학의 발전은 비록 제한된 영역과 범위를 벗어나지는 못했지만 그런 희망이 터무니없지는 않음을 보여주었습니다. 그래서 뉴턴의 성공은 이내 자연을 넘어 인간 삶의 영역에 이르기까지 확장되기 시작합니다. 자연을 이해하고 통제할 수 있다면, 인간의 삶과 사회를 이해하고 통제하는 일이 불가능하다고 생각할 까닭도 없기 때문입니다.

뉴턴 역학이 보여준 희망은 화학을 비롯한 자연과학을 넘어 사회학과 경제학 등 사회과학 분야로 확대됩니다. 사회'과학'이라는 새로운 분야가 생겨나도록 자극했다는 게 보다 정확한 표현이겠습니다. 뉴턴 역학은 새로운 시대에 등장한 학문 분야가 어떤 방법을 사용해 진리를 탐구해야 하는지에 대한 전범을 제공합니다. 경제학자들은 이제 미분 개념을 이용해서 한계효용 값을 계산해내고 이를 통해 경제 현상을 설명하고자 시도합니다. 신고전학파나 계량경제학은 현실을 다르게 기술함으로써 현상을 설명할 수 있는 새로운 방법을 뉴턴에게서 보았던 것입니다. 법칙으로써 세계를 설명하는 방법은 그만큼 매력적이었고, 효과 역시 분명해 보였습니다. 프랑스 혁명기 콩도르세M. de Condorcet는 «인간 정신의 진보에 관한 역사적 개요»에서 이렇게 말합니다.

> 만일 인간이 현상들에 대한 법칙을 알고 있어서 거의 전적으로 확신하고 현상들을 예견할 수 있다면,

자신이 알지 못하는 미래의 사건들을 과거 경험에 따라 확률 높게 예견할 수 있다면, 역사의 결과에 따라 인류의 미래 운명에 대한 도표를 그럴듯하게 그려보는 것을 비현실적인 기획이라 할 수 있는가? 자연과학에서 믿음의 유일한 기초는 알려졌든 알려지지 않았든 우주의 현상을 지배하는 일반 법칙이 필연적이고 항구적이라는 생각이다. 그런데 이 원칙이 자연의 다른 활동에 대해서는 유효하고, 지적이고 도덕적인 분야에서는 진리가 되기에 미흡한 까닭은 무엇인가?

물론 당대의 그 어느 학문도 그들이 원했던 이상에 도달하지는 못했습니다. 지금도 마찬가지입니다. 그러나 법칙으로 상징되는 근대 문명의 이념과 그에 대한 희망은 지칠 줄 모르는 호기심을 가진 인류를 움직이기에 충분한 것이었습니다. 이 이념의 종착역은 유토피아였기 때문입니다. 그 이름을 무엇이라 부르든 유토피아는 가장 완전한 인간 삶의 세속적 구현을 의미합니다. 모두가 행복한, 그래서 누구나 꿈꾸는 세상 말입니다. 인간이 자연을 통제할 수 있다면,

더 나아가 사회를 우리가 원하는 방식으로 통제할 수 있다면 누구나 행복한 세상을 꿈꾸는 것이 그리 부도덕한 상상이 아닙니다.

오히려 행복이란 상대적 비교로부터 오는 것이며 따라서 나의 행복은 어쩔 수 없이 다른 사람의 불행과 함께 올 수밖에 없다고 믿는 것이 더 부도덕해 보입니다. 요즘처럼 경쟁이 치열한 제로섬 사회에서는 내가 행복해지면 누군가가 불행해질지도 모른다는 생각을 하게 됩니다. 드디어 원하는 회사에 취직했다는 승리의 행복감은 내가 차지한 한 자리로 인해 취직에 실패한 누군가의 좌절과 쌍으로 묶여 있습니다. 그런 생각은 자연스럽게 우리를 움츠러들게 만듭니다. 그래서 은연중에 어쩔 수 없는 상황이라고 스스로를 위안하기도 합니다. 나아가 경쟁이 자원을 가장 효율적으로 분배하는 방식인 한 모두 각각 노력한 만큼 가져가는 것뿐이니, 그걸 탓하는 일은 쓸모없는 노릇이라며 자신의 승리를 정당화합니다.

하지만 그런 상황이 정말 어쩔 수 없는지는 생각해봐야 합니다. 우리를 괴롭히는 것은 현실이 아니라 현실을 그렇게 보도록 만드는 우리의 무기력증인

지도 모릅니다. 일찍이 에리히 프롬E. Fromm은 «자유에서의 도피»에서 열의에 차서 제안했지요. 당대의 허무주의적 분위기를 극복하는 방법은 바로 사회를 우리가 원하는 방식으로 만들어가기 위한 참여라고 말입니다. 그는 우리가 자연을 계산해서 예측할 수 있듯이 사회도 합리적으로 계산해서 통제할 수 있다고 믿었습니다. 인간은 자신의 꿈을 현실에 구현하기 위해 애쓰는 존재입니다. 피 말리는 경쟁이 아니라 협력을 통해 사회 구성원 모두가 행복한 세상이 불가능한 것만은 아니라는 희망, 지구상 어떤 생명체도 꿈꾸지 못했던 이 이상을 가능케 한 것이 바로 뉴턴의 사과였던 것입니다.

다만 판도라의 상자가 그랬듯이 그런 희망을 기대하고 호기심으로 문을 열자 먼저 튀어나온 것은 예상 밖의 것이었습니다. 우리가 그 이상향으로부터 얼마나 멀리 떨어져 있는지, 그 길을 찾아가기 위해서는 얼마나 많은 장벽을 넘어야 하는지, 그리고 무엇보다 우리가 여전히 모르는 것이 얼마나 많은지를 보여주는 위험한 증거들뿐이었습니다. 산업혁명에 의지한 초기 자본주의 발전이 많은 사람에게 강요한 희생의 흔적들이, 또 사회를 혁신하려는 온갖 혁명적 시도가 다다른 불행한 결말들이 역사의 페이지들을 장식합니다. 마치 섣부른 용기로 아버지였던 태양신 헬리오스의 전차를 몰았던 아들 파에톤의 이야기 같습니다. 파에톤의 그 무모한 호기심은 말 그대로 파국을 불러왔습니다. 평소와 다른 주인의 몸무게에 놀란 태양 전차의 말들이 하늘과 지상을 이리저리 오가며 소동을 피우는 바람에 온 세상이 불바다로 변해버렸던 것입니다.

결과적으로 뉴턴의 후예들은 아직 턱없이 부족한 지식으로 원대한 꿈을 꾸었던 셈입니다. 그런 점에서 20세기 후반 지식인들이 근대 과학과 기술을 향해 내놓은 차가운 독설은 많이 안다고 해서 곧 지혜롭진 않다는 일상의 깨달음을 세련되게 말한 것일 뿐입니다. 그럼에도 불구하고 인류 문명이 프랑켄슈타인 박사와 같은 열정적이고, 경우에 따라서는 과도한 호기심을 통해서 발전했다는 사실을 부정할 수는 없습니다. 해보지 않으면 진실로 알고 있는지를 알 수 없습니다. 그런 탓에 호기심과 조급증을 피할 도리도 없어 보입니다. 확실히 우리에게는 에피메테우스와 판도라의 유전자가 흐르고 있는 모양입니다. 그나마 다행인 것은 우리에게 프로메테우스의 유전자 역시 섞여 있다는 점입니다. 새로운 인류의 어머니 퓌라가 에피메테우스와 판도라 사이에서 태어났으며, 그 남편 데우칼리온은 바로 프로메테우스의 아들이었으니까요. 그들이 대홍수의 재앙에서 벗어나 인류의 새로운 조상이 될 수 있었던 까닭은 경건한 삶을 살았기 때문입니다. 호기심과 조급함 그리고 신중함과 미리 생각해봄이 우리 안에 있는 지성의 대립 유전자입니다. 경건함은 그 서로 상반된 성향이 균형을 이루도록 하는 태도일 것입니다.

비록 미완이기는 했지만 근대 과학의 성공은 오늘날에도 여전히 우리 문명을 추동하는 힘입니다. 그 작은 성공의 열쇠는 세계를 수학적으로 모형화하는 일이었습니다. 플라톤이 감각의 세계로부터 벗어나 이데아의 세계를 보았듯, 갈릴레이와 뉴턴 그리고 그 후예들 역시 감각의 세계에 붙잡히지 않고 수학적으로 묘사될 수 있는 세계를 본 것입니다. 이 새로운 시선이 그동안 보이지 않았던 우주의 보편 법칙을 열어 보인 것입니다.

아직도 던져야 할 질문

¶

보이는 것을 넘어 보이지 않는 것을 보려는 시도, 그것은 인간 사유의 본성입니다. 비록 에피메테우스처럼 일을 벌여놓고 나서야 진지하게 생각하는 조급하고 불완전한 인간 지성이기는 하지만, 시행착오를 통해 한계를 극복해가려는 열정만큼은 이해해줄 만합니다. 돌이킬 수 없는 실수를 하지 않는다면 말이죠.

물론 생태철학자인 한스 요나스H. Jonas가 일찌감치 말했듯이 인류의 기술 문명이 돌이킬 수 없는 실수를 저지를 수도 있는 시점에 다다른 것도 분명해 보입니다. 원자력이나 생명공학과 같은 분야의 몇몇 기술은 이미 인류 문명 자체를 위태롭게 할 만큼 파괴력이 있기 때문입니다. 요나스의 말처럼 신중하고 책임 있는 선택이 필요한 시점입니다. 요나스는 기술technology을 인간의 '소명'으로 표현하기도 합니다. 아무리 기술이 파괴적이더라도 외면할 수는 없습니다. 우리 스스로가 어느새 우리 자신을 생각하는 존재로서 이해하기보다는, 도구를 사용하고 기술을 이용하는 존재로 이해하고 있기 때문입니다. 요나스는 총체적 본성에 있어 인간이 변화하고 있음을 고백한 것입니다. 그런 탓에 더더욱 우리는 아직은 뭔가를 더 따져봐야만 할 겁니다. 그것은 근대 과학의 조급한 열망이 풀지 못한 수수께끼와 무관하지 않습니다. 바로 우리 자신, 즉 인간에 대한 문제입니다.

자연의 보편적 질서를 풀 수 있으리라는 근대 과학의 신념은 사회, 나아가 인간 자신의 수수께끼도 풀 수 있으리라는 희망을 주었습니다. 그 희망이 비록 썩 만족스러운 결과를 내지는 못했지만, 우리 사회를 바꾸었고 삶을 변화시켰습니다. 인간이 자연의 일부인 한 그런 희망은 언제까지나 당연할지도 모릅니다. 그러나 아직까지도 희망으로만 남아 있는 까닭은 근대인이 자연의 모습을 너무나 단순하게 생각한 탓이기도 합니다. 실험실에서의 반복적 심문으로 인해 자연은 인간에게 비밀을 고스란히 자백했지만, 사실 그것은 자연의 모습 중 극히 일부에 지나지 않습니다. 근대인이 발견한 자연의 법칙은 대개 시간의 흐름을 고려하지 않은, 다시 말해 자연의 가역적 상태에 관한 진술이었기 때문입니다.

본래 자연은 시간의 변화로부터 자유롭지 않습

니다. 이렇게 시간을 고려하기 시작하면 근대인이 꿈꾸었던 보편 법칙에 의구심이 들기 시작합니다. 설령 그런 보편 법칙이 있더라도 그 법칙이 실제로 구현되는 현실 조건들이 끊임없이 변화하는 시간의 흐름 속에 있다면, 단지 그 사실만으로도 보편 법칙에 의지해 상상했던 거대한 기획은 한쪽 날개를 접어야 할 겁니다. 사실 사회를 지배하는 보편 법칙, 혹은 인간에 관한 보편 법칙은 아직 그 실체를 드러내지 않았습니다. 아니 좀 더 솔직히 말하자면 그런 법칙이 가능하기나 한지도 잘 모르겠습니다.

그럼에도 불구하고 뉴턴이 보여준 성공은, 그리고 아인슈타인의 "신은 결코 주사위를 던지지 않는다!"는 말 속에 담긴 신념은 여전히 우리를 지배하고 있습니다. 보이지 않는 것을 보려고 하는 인간 사유의 본성은 끊임없이 사회와 인간을 지배하는 보편적 원리에 대한 희망을 놓지 않고 있습니다. 그 또 다른 사례를 우리는 정신분석학자인 지그문트 프로이트S. Freud에게서 볼 수 있습니다.

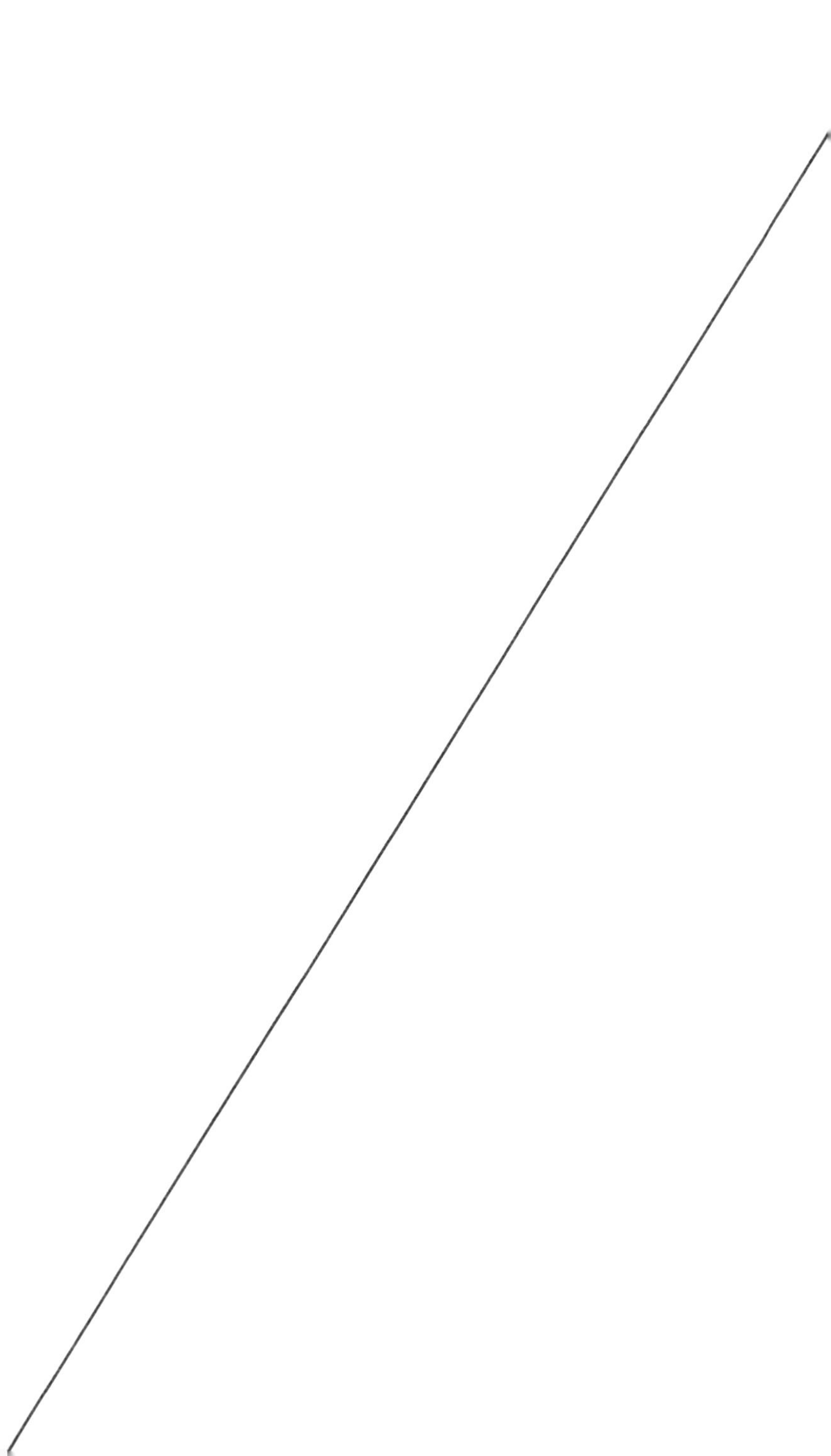

4/10

다르다? 다르지 않다! : 차이의 과잉

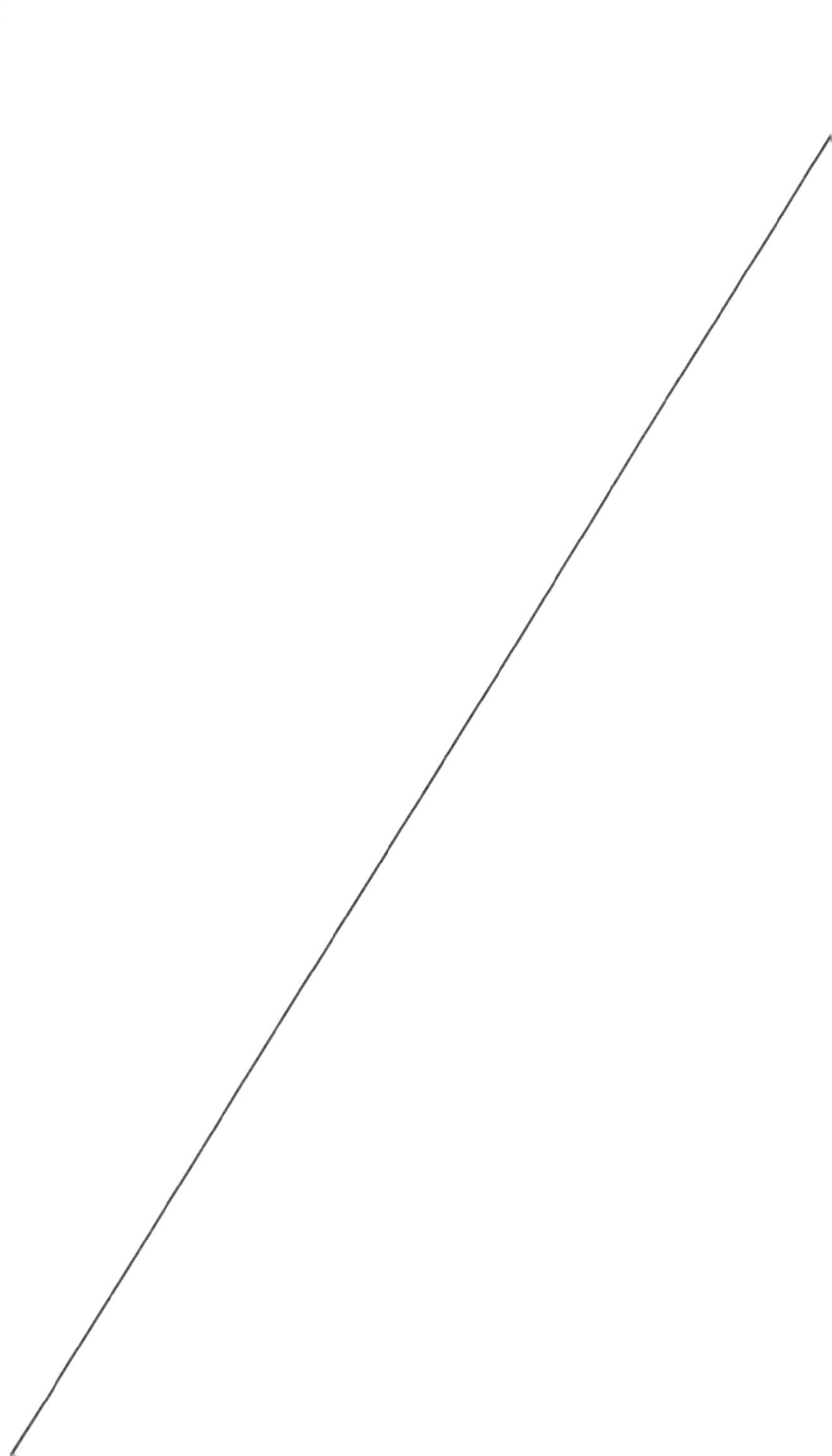

자연과학 vs. 인문학

¶

우리에게 무의식의 세계를 열어 보인 프로이트에 관한 이야기로 넘어가기 전에 먼저 세간에 널리 퍼진 오해를 바로잡을 필요가 있을 듯합니다. 그것은 인문학과 자연과학이 다르다는 두 학문 분과 사이의 차이에 대한 생각입니다. 이를 오해라고 말하는 까닭은 그 차이를 지나치게 강조하는 세태 때문입니다.

학문의 역사를 돌이켜보면 자연과학과 인문학이 분리되기 시작한 것은 근대 이후라고 말할 수 있습니다. 갈릴레이가 문을 열고 뉴턴이 이정표를 세운 이후, 근대의 자연 탐구자들은 측정 가능한 것만이 객관적이라는 신조를 가슴에 새긴 채 일관되게 전진합니다. 질적인 것, 철학적으로 표현하자면 주관적인 것은 학적 탐구의 장에서 설 자리를 잃어갑니다. 사물이 혹은 자연이 왜 그런지 그 궁극적 원인을 구하는 물음은 사물이 어떻게 그렇게 변화하는지 밝히는 물음에 비해 훨씬 형이상학적이며, 그 대답 역시 정량적으로 측정할 수 없다는 의미에서 질적입니다. 그런 류의 대답은 수학적 언어가 아닌 일상의 언어를 사용하며, 그런 점에서 언제나 '어떻게 해석되느냐'의 운명을 안고 있습니다. 일상의 언어는 사용되는 맥락에 따라서 의미가 달라질 수 있습니다. 결국 동일한 현상에 대해 다른 해석이 가능합니다. 그렇기 때문에 해석이 풍요로워지는 장점이 있지만 그 대신 엄밀성과 정확성을 놓치기도 합니다.

데카르트R. Descartes가 세계는 정신과 물질이라는 완전히 다른 이원적 실체로 이루어져 있다고 말한 이후에, 세계를 설명하고자 하는 형이상학적 논의들이 봇물처럼 쏟아져 나옵니다. 합리적으로 이해 가능하고 논리적으로 일관적이기만 하다면 세계를 설명하는 유력한 모형이 될 수 있다고 믿었기 때문입니다. 스피노자B. Spinoza는 하나의 실체로 이루어진 세계가 거대한 필연의 사슬로 이어져 있음을 주장하고, 라이프니츠G. Leibniz는 마치 오늘날 우리가 알고 있는 입자들처럼 셀 수 없이 많은 모나드로 이루어진 세계 모형을 제안합니다. 다만 이때 모나드는 물질적인 것이 아니라 정신적인 존재입니다.

사유의 본성 중 하나가 사물을 설명하기 위해 끊임없이 모형을 제시해보는 일이라고 할 때, 아마 근대만큼 열성적으로 자신의 업무에 충실했던 적도 없을 것입니다. 하지만 이러한 풍요로움은 아주 낮은 효율성을 보여주고 맙니다. 답이라고 주장되는 것이 너무 많으면 어느 답이 진짜인지를 가려내기 어렵습니다. 때문에 답이 아예 없을지 모른다는 의심이 생기게 마련입니다. 더군다나 인문학적 사유의 훌륭한 덕성은 같은 사물에 늘 새롭게 의미를 부여하고 해석하는 것입니다. 그런 까닭에 수많은 모형이 쏟아져 나왔고, 그런 상황이 근대의 자연과학자들 눈에는 아주 비효율적으로 보였을 것입니다. 보편타당한 법칙은 어쨌든 하나의 얼굴을 하고 있을 테니 말입니다.

뉴턴의 성공 이후 자연과학이 학문의 새로운 전형으로 자리 잡자 과학의 성공을 이끌었던 두 방법, 즉 '수학적으로 표현하기'와 '실험적으로 검증하기'는 근대가 시작되면서 새롭게 등장한 학문 분야들이 따라야 할 방법론적 표준이 됩니다. 철학이라는 이름 아래 한 덩어리로 묶였던 학문들이 분과 과학으로 갈래를 쳐나가면서 전통 방법론에 대한 노골적인 반감을 드러내자 대립은 선명해집니다. 19세기에 들어서면서 대립은 더욱 첨예해지고 결국 자연과학과 인문학은 다르다는 방식으로 문제를 해결하고자 합니다. 빈델반트W. Windelband나 리케르트H. Rickert 같은 사람들이 자연과학과 인문학(혹은 역사과학이나 문화과학)을 구분했던 까닭은 이른바 인문학적 탐구의 대상은 수학적으로 표현되지도 않고 실험실로 불러올 수도 없는 대상이라고 보았기 때문입니다. 다시 말해 자연과학적 탐구의 대상과 인문학적 탐구의 대상은 그 종류가 서로 다르며, 따라서 그에 적합한 탐구 방법도 다르다는 것입니다.

예컨대 가다머H. G. Gadamer는 해석학적 방법론을 설명하기 위한 자신의 책 «진리와 방법» 앞머리에서 이렇게 말합니다.

> 아래의 연구는 근대 과학 내부에서 과학적 방법론의 보편적 요구에 대처하는 이러한 저항에 연결된다. 이 연구의 관심사는 과학적 방법론의 지배 영역을 넘어서는 진리의 경험을 도처에서 찾아내어 그

고유한 정당성에 관해 물으려는 것이다. 예를 들어 정신과학은 과학 외적인 경험 방식들, 즉 철학의 경험, 예술의 경험 그리고 역사 자체의 경험과 밀접한 관계가 있다.

가다머는 당대의 지성인 헬름홀츠H. v. Helmholz를 비판하며 야심 찬 프로젝트를 내놓습니다. 자연과학의 무서운 성장세에 대응하기 위해 정신과학 고유의 방법론을 공고히 하는 것이었습니다. 물론 이러한 차이 짓기 전략은 근대 이래로 정신과학 혹은 인문학이 상대 진영의 집요한 공세로부터 자신을 지켜내기 위한 대응의 일환이었습니다.

근대적 정신이 정점으로 치달으면서 인문학은 자의반 타의반으로 의구심의 대상이 되고 맙니다. 학문이란 본래 세계에 대한 진리를 탐구하는 것인데, 인문학이 과연 그런 역할을 하는지를 의심받았던 것입니다. 이것은 사실 역설처럼 보이기까지 합니다. 왜냐하면 학적 진리로 세상을 바꿀 수 있다고 믿은 근대정신의 출발은 사실상 철학적 자기반성으로부터 시작되었기 때문입니다. 물론 인문학이 참된 학문인지 의심받는 상황이 곧바로 인문학적 탐구가 중요하지 않음을 의미하지는 않습니다. 인문학의 과학성을 의심했던 사람들조차 인문학적 탐구의 중요성을 경시한 적은 없습니다. 다만 세계에 대해 참과 거짓을 가릴 수 있는 진리를 말하고 있는 학문인지 의심받았다는 겁니다. 이러한 사정은 자연과학의 성공에 비추어볼 때 비로소 이해가 됩니다.

아리스토텔레스의 철학과 갈릴레이의 역학을 한번 비교해볼까요. 갈릴레이는 이 세계를 설명하는 학문으로서 아리스토텔레스의 자연철학을 거부합니다. 그 이유는 아리스토텔레스의 자연철학은 본성상 형이상학에 의지한 질적 설명 방식이었기 때문입니다. 예를 들면 사물이 왜 떨어지는가에 대해 모든 사물은 본성상 자신이 있어야 할 곳으로 돌아가려 하기 때문이라고 대답하는 식입니다. 반면 갈릴레이는 양적 방식, 즉 수학과 측정이라는 새로운 방법으로 과학적 탐구의 새로운 길을 모색합니다. 그래서 사물이 왜 떨어지는가를 묻지 않고, 어떻게 떨어지는가를 기술하려고 합니다. 비록 사물이 왜 떨어지는지 이유는 잘 모르지만, 하여간 시간의 제곱에 비례하는 가속도로 떨어진다는 사실은 측정할 수 있습니다. 이것이 우리가 아는 근대 과학의 시작입니다.

뉴턴을 거쳐 마침내 근대 과학이 제자리를 잡으면서 차곡차곡 과학적 지식의 창고가 채워집니다. 자연과학자들의 뿌듯한 시선으로 철학을 보니, 안타깝게도 여전히 스콜라철학 시절의 그 소모적 논쟁만을 일삼는 것처럼 보였던 겁니다. 말하자면 답이 안 나오는 질문을 붙잡고 씨름하는 셈이랄까요. 자연스럽게 철학은, 물론 이때의 철학은 자연과학이 아닌 모든 학문을 대표하는 이름이므로 넓게 말해서 인문학은, 학문의 역사에서 뒷방 늙은이 신세로 밀려납니다. 이런 상황에서 학자들은 크게 두 가지 방식으로 대응합니다. 그 하나는 철학의 품에서 벗어나 자연과학의 방법론을 차용함으로써 과학의 일원으로 인정받는 것입니다. 다른 하나는 자연과학과의 차이를 분명히 하고, 그럼에도 중요한 학문이라는 존재 증명에 성공하는 것이었습니다. 경제학·사회학·심리학 등이 과학 쪽으로 이동했다면, 철학이나 역사학은 자신의 자리를 지키려 했습니다. 가다머의 주장은 바로 이런 상황에서 나온 것입니다.

객관 vs. 가치

¶

인문학 진영에서 스스로 자연과학과 다르다고 말하는, 물론 그 반대편에서도 마찬가지로 말하는, 이 오래된 차이 짓기 전략은 사실상 지금까지도 유효해 보입니다. 적어도 정치적 맥락에서는 그렇습니다. 그런데 이렇게 상대와의 차이 짓기를 통해 자신의 정체성을 확보하는 방식은 자칫 상대에 대한 막연한 배척으로 흐를 가능성이 있습니다. 지난 세기 후반부터 자연과학과 인문학 사이 대화 단절의 문제가 지속해서 거론되는 이유도 지난 100년 동안 자연과학과 인문학 양 진영에서 그 차이를 증폭해왔기 때문입니다.

흔히 인문학이라는 이름으로 번역되는 독일어의 '정신과학Geisteswissenschaft'은 영국의 밀J. S. Mill이 사용한 '도덕과학moral science'이라는 개념을 번역한 말입니다. 두 단어에서 핵심은 바로 '가치'입니다. 인문학 혹은 정신과학이 늘 어떤 가치를 문제 삼는 데 반해, 자연과학은 그렇지 않아 보입니다. 무엇보다 가치는 사람에 따라 평가가 다르고, 그래서 주관적입니다. 그런 탓에 자연과학 입장에서 보면 가치를 운운하는 일은 객관적이지 않아 보이는 것입니다. 반면 인문학 입장에서 보면 객관성 때문에 가치의 문제를 도외시하는 것처럼 보이는 자연과학은 인간의 정신적 삶에 대해서는 무능력해 보이기까지 합니다.

18세기 후반까지만 해도 도덕과학에 포함되는 학문으로 정치학·경제학·역사학 등을 생각할 수 있었는데, 예컨대 경제학의 경우 마샬A. Marshall이나 발라L. Wallars 같은 신고전주의자들이 경제학 이론에 수학적 방법론을 적용함으로써 경제학을 도덕과학보다는 자연과학 쪽으로 이동시키려 시도했습니다. 물론 이러한 이동은 뉴턴이 남겨놓은 세계관의 영향, 즉 자연에 법칙을 적용할 수 있듯이 사회 현상에도 법칙을 적용할 수 있으리라는 희망에서 비롯한 것이었습니다. 이렇게 경제학이 자연과학을 모범으로 삼으면서 정량적 분석이 주요한 방법론으로 자리를 잡습니다. 모든 현상을 수치로 파악해보는 거죠. 현재 한국의 주류 경제학 역시 마찬가지입니다. 거시적인 정책을 입안할 때, 이러한 정량적 방법이 얼마나 효과적인지 새삼스럽게 강조할 필요는 없을 것입니다. 하지만 허점도 있게 마련입니다. 이따금씩 이러한 정량적 분석에서 다루는 대한민국 평균적인 삶이 전혀 현실적으로 느껴지지 않기 때문입니다.

노동자들의 평균임금, 생활수준, 소비성향, 산업 전망 등의 수치와 복잡한 그래프가 뭔가 객관적인 것을 말하고 과학적으로 예측하며 설명하는 것처럼 보이기는 하는데, 그 이야기들이 현실적으로 와 닿지가 않습니다. 다시 말해 그런 수치와 우리 실제 삶 사이에는 커다란 괴리감이 느껴집니다. 경제는 좋아지고 있다는데, 삶은 팍팍하기만 합니다. 경제학의 정확성과 관련하여 인정할 만한 점은 경제학자들이 경기를 부정적으로 전망하면 실제로도 위기가 오고 삶도 힘들어진다는 것뿐입니다. 위기와 고난은 귀신같이 잘 맞추지만, 좋아지리라는 장밋빛 전망은 도무지 믿기가 어렵습니다. 그래서 어떤 날에는 이런 생각마저 듭니다. 현실의 우리는 그저 결과값을 내기 위한 익명의 자료에 불과한 존재인 건가? 이렇게 정량적 분석 방법의 한계가 느껴지는데도 경제학계에서 방법론에 대한 진지한 반성은 별로 없어 보입니다. 사회학의 경우에도 크게 다르지 않지요.

인문학자가 보기에 이렇게 여러 사회과학이 자

연과학의 방법만을 따라간다면 인간의 실질적 삶을 다루는 학문은 종내에는 사라지고 말 것처럼 느껴집니다. 그래서 인문학자들은 더 크게 소리를 내어 자연과학이 가치의 문제에 소홀하다고 외칩니다. 그렇게 대립각이 예리해지고 정치적 편 가르기가 시작됩니다. 그래서 가치를 중시하는 인문학과 객관성을 신봉하는 자연과학의 차이는 더욱 증폭되기 쉽습니다. 노벨상 수상자이자 현대 입자물리학의 토대를 놓은 스티븐 와인버그S. Weinberg는 《최종 이론의 꿈》에서 이렇게 말합니다.

> 내가 알기로 제2차 세계대전 이후 물리학의 진보에 활동적으로 참여했던 과학자들 중 연구 과정에서 철학자들의 작업으로부터 중요한 도움을 받은 사람은 아무도 없다. … 나는 똑같이 당혹스러운 또 다른 현상, 즉 철학의 '비합리적 무용성'을 문제 삼고자 한다. 과거 철학적 교리들이 과학자들에게 유용했던 때조차도, 그것은 일반적으로 너무나 오래 살아남아서 그것이 원래 주었던 이익보다도 더 큰 손해를 끼쳤다. … 그래도 형이상학과 인식론은

과학에서 건설적 역할을 하려는 의도가 있었다. 그러나 과학은 최근에 상대주의 깃발 아래 연대한 비우호적 주석자들의 공격을 받고 있다. 철학적 상대주의자들은 과학이 객관적 진리를 발견한다는 주장을 부정한다.

와인버그의 말은 직선적이고 우직한 과학자가 인문학에 대해 어떤 태도를 지니는지를 여실히 보여줍니다. 한편 이러한 태도의 반대편에 있는 사람들, 예를 들면 울리히 벡U. Beck 같은 사람은 과학자들이 가치의 문제에 대해 전혀 관심이 없어서 마침내 회복 불가능한 위기 상황을 만들어내지나 않을까 노심초사합니다. 다음은 그가 «글로벌 위험사회»에서 한 말입니다.

자연과학과 기술과학이 자신들이 생산한 위험을 처리하면서 '현실성 위기'에 빠지는 것도 기술자와 과학자가 소유한 위험 진단에 대한 독점권을 위태롭게 만드는 또 다른 요인이다. 안전하다는 것과 '십중팔구 안전할 것이다'라는 것 사이에는 천양

지차가 있다는 것이 체르노빌 이후에야 통용되는 진리는 아니지만, 이제는 거의 모든 사람이 경험할 수 있다. 기술과학은 항상 개연적인 안전에 대한 재량권만 가지고 있다. 다시 말해 그 진술은 설령 내일 두세 기의 핵발전소가 폭발해도 여전히 진리로 남을 것이다.

양 진영이 서로 등을 돌리고 시선을 외면하면서 그 차이는 점점 더 증폭됩니다. 마치 대학의 인문사회과학 캠퍼스와 자연과학 캠퍼스 사이 대립을 보는 것만 같습니다. 그렇게 과잉된 차이는 당연해지고, 어느새 둘 사이에 공통점이 있었다는 사실도 희미해집니다. 한 부모 밑에서 난 형제도 얼굴이 다르게 마련입니다. 그럼에도 그 형제들을 한 가족이라고 부르는 이유는 차이에 주목하기 때문이 아니라 공통점에 주목하기 때문입니다.

인문학과 자연과학의 차이를 증폭시키는 일은 대화를 점점 더 어렵게 만듭니다. 물론 겉으로는 차이를 존중하고 대화를 시작하자고 말할 수 있지만, 그것은 정치적으로 세련된 제스처일 뿐 실질적 대화가 이루어지기는 어렵습니다. 차이를 강조하면서 공감하기란 쉽지 않으니까요. 차이를 강조하면 그저 서로를 건드리지 않는 공존만을 추구하게 마련입니다. 차이를 인정하자는 건전한 슬로건은 속내를 드러내는 일을 일종의 터부로 생각하는, 그럴듯한 수사이기 쉽습니다. 동일성을 전제하지 않는, 순수한 차이는 그저 대립일 뿐입니다.

인문학과 자연과학의 공통점은 그들 모두가 '보이지 않는 것을 보려고' 하는 인간 사유의 본성에서 출발했다는 점입니다. 인문학자들은 학생들에게 이렇게 말합니다. "주어진 문장들 너머 행간의 의미를 읽어라!" "현실을 무턱대고 받아들이지 마라. 그 뒤에는 의미가 숨어 있다!" 자연과학자들은 학생들에게 이렇게 말합니다. "복잡해 보이는 것은 그저 보이는 것일 뿐이다. 그 이면의 실체를 찾아라! 그리고 현상을 설명해줄 가설을 생각해내라!" 두 방식 모두가 주어진 것들을 넘어서서 보이지 않는 것을 보려는 태도입니다.

플라톤이 감각 너머 영원히 변치 않는 이데아의 세계를 보려고 한 것이나, 갈릴레이와 뉴턴이 우리 감각을 배제하고 수학적으로 묘사될 수 있는 세계를 보려고 한 것 모두 하나의 원리를 따른 결과입니다. 주어진 것을 넘어서 더 나아가려는 호기심, 그것은 학문의 본성이기도 합니다. 아리스토텔레스가 학문의 뿌리를 이 세계에 대한 '놀라운 호기심thaumazein'으로 설명한 것도 같은 이치입니다.

나중에 좀 더 자세히 다루겠지만, 우리가 구분해야 하는 것은 인문학과 자연과학이 아닙니다. 보이는 것을 넘어 그 이상의 것을 보려고 하는 의지가 있다는 점에서 인문학과 자연과학은 오히려 동류입니다. 오히려 인문학과 자연과학을 한 편에, 다른 편에 기술technology과 예술art을 두고 그 차이에 주목해봄 직합니다. 인문학과 자연과학이 모두 보이지 않는 것을 보려는 탐구 작업이라면, 기술이나 예술은 그렇게 본 것을 현실에 구현해내는 작업이기 때문입니다. 물론 이러한 구분마저도 편의상의 구분이기는 합니다. 두 방식 모두 인간이 사유하는 서로 다른 양상일 뿐, 칼로 두부 자르듯 깨끗한 단면을 보이지는 않으니까요.

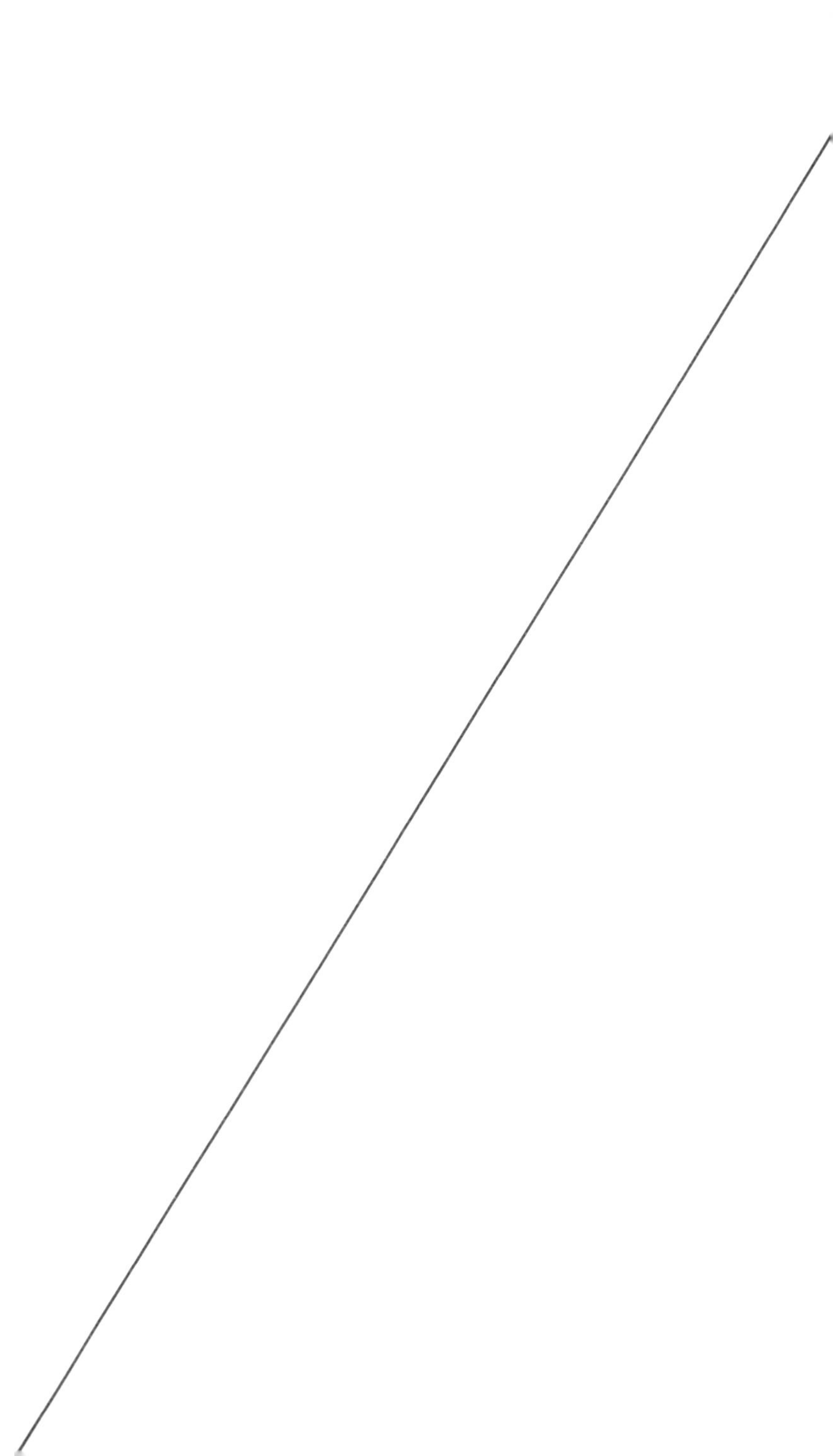

5/10

우연의 인과법칙 : 프로이트

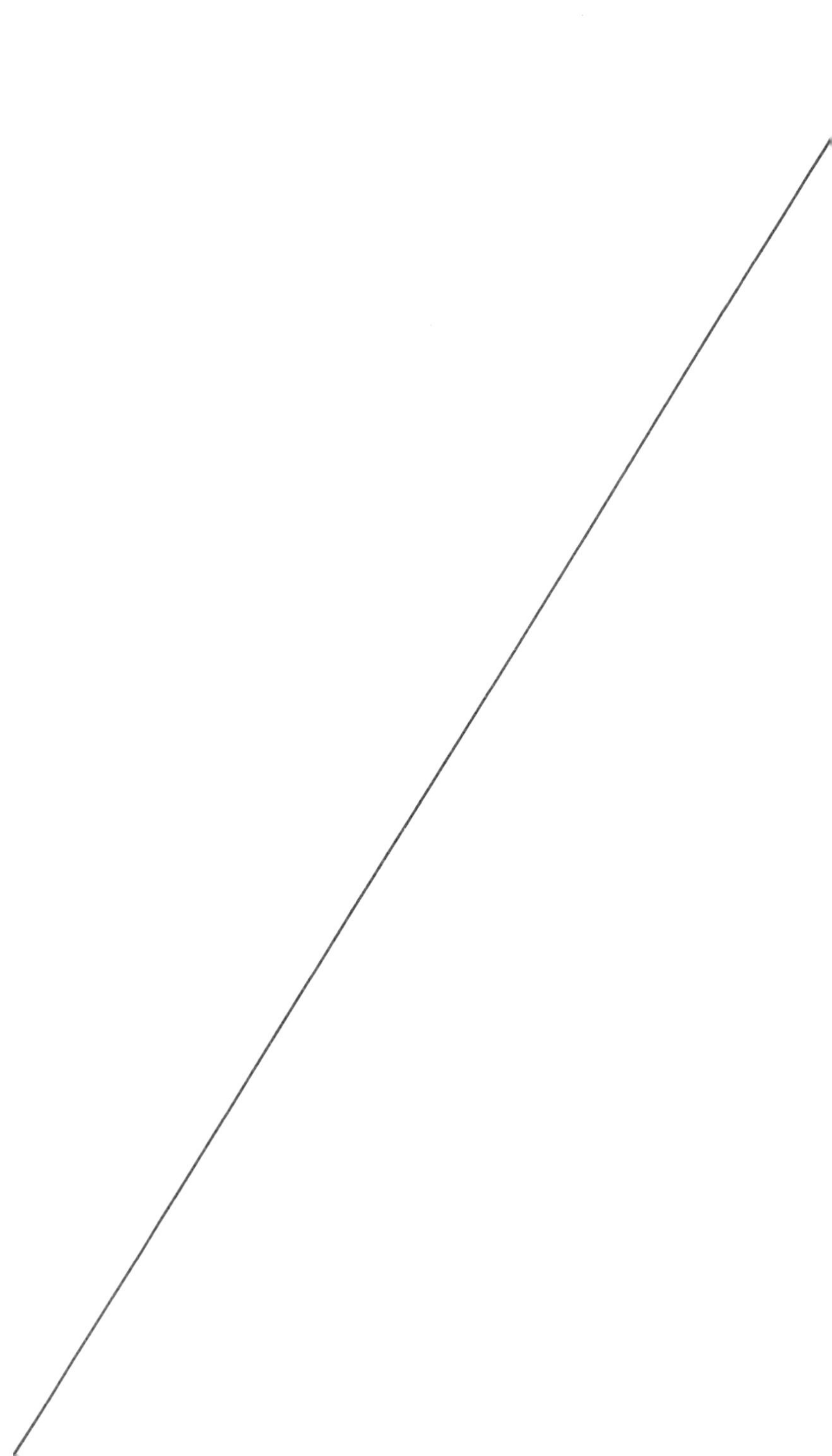

마음도 과학이다

¶

프랑스의 실존주의 철학자 사르트르J. P. Sartre는 《존재와 무》에서 타인을 영원한 지옥이라고 표현한 바 있습니다. 타인은 나와 똑같이 자유의지를 가진 존재입니다. 그래서 그 속내를 도무지 알 수가 없습니다.

자동차가 어떻게 움직이는지 알고 싶은 사람이라면 자동차를 낱낱이 분해해볼 수 있습니다. 심지어 그렇게 분해했다가 다시 조립하면 자동차는 무슨 일이 있었냐는 듯 멀쩡하게 움직일 것입니다. 이렇게 내 자동차가 어떻게 움직이는지 궁금한 만큼, 아니 그보다 더욱 궁금한 것은 사실 사람 속입니다. 내 주변 사람들이 나에 대해 어떤 생각을 하는지, 또 텔레비전에 나오는 정치인들이 무슨 생각으로 그런 말을 하고 왜 그런 행동을 했는지 말이죠. 하지만 그들은 자동차를 분해하듯 해부해볼 수가 없습니다. 오직 그 말과 행동을 관찰할 수 있을 뿐입니다. 때로는 관찰만으로도 많은 것을 알아내긴 하지만 정작 중요한 것은 알기가 어렵습니다. 무엇보다 상대방 마음 깊이 있는 생각은 눈에 보이지가 않기 때문입니다. 게다가 일부러 숨기려 할 때도 있으니 더욱 그렇습니다.

자연에 존재하는 많은 대상 가운데 어떤 것은 관찰을 통해서 꽤 많은 바를 알 수 있습니다. 하지만 생명이 있는 대상, 더욱이 자유의지를 지닌 대상의 경우에는 관찰만으로 알 수 있는 바가 그리 많지 않습니다. 집에서 기르는 강아지나 고양이가 어떤 표정을 짓거나 이상한 행동을 할 때, 도대체 왜 그런지 알 수 없을 때가 많습니다. 하물며 인간의 경우는 말할 것도 없습니다. 짐짓 자기 속내를 드러내지 않으려고 거짓된 표정이나 말을 할 수도 있는 인간의 마음속을 알기란 정말 어려운 일입니다.

의식이 있는 생명, 특히 고도의 자기의식을 지닌 인간을 이해하는 일은 그런 점에서 기계론적이고 환원주의적인 근대 과학으로는 풀지 못하는 수수께끼였습니다. 뉴턴이 우리에게 남긴 유산은 보편 법칙을 통해 자연을 이해할 수 있듯이 사회에 관해서도, 더 나아가 그런 사회 속 인간에 대해서도 비슷한 방식으로 이해할 수 있지 않을까 하는 희망이었습니다. 그런 희망을 가진 지 시간은 꽤 지났지만, 여전히 희망에만 머물러 있다고 말해야 할 듯합니다. 비록 우리가 인간 몸에 관해서는 과거에 비해 많은 것을 알게 되었지만 마음이라고 부르는 것에 관해서는 여전히 안갯속을 헤매는 상황이기 때문입니다. 그러니 그렇게 이해하기 어려운 인간들이 모인 사회를 법칙적으로 이해하기란 역시 무척이나 어려운 일입니다. 근대 과학이 풀지 못한 문제는 바로 인간의 의식과 인간 의식의 중요한 조건으로서 자유의 문제였습니다.

그런 의미에서 정신분석학자인 프로이트S. Freud는 독특한 위상을 차지합니다. 그는 우리 의식의 내밀한 부분을 들추어낼 수 있다고 말하기 때문입니다. 그의 방법은 학문사적 관점에서 보면 매우 모호합니다. 이중적이기 때문입니다. 얼핏 정신분석학은 인간의 마음을 대화와 분석이라는 방법을 통해 이해한다는 점에서 인문학적으로 보이기도 하지만, 다른 한편으로 프로이트는 정신분석학이 과학적 방법을 따른다고 말합니다. 물론 우리가 알고 있는 과학의 표준으로서 물리학처럼 정량적 분석을 하는 것은 아닙니다. 오히려 그 반대라고 할 수 있습니다. 그럼에도 그가 자신의 방법에 '과학적'이라는 표제를 붙일 수 있는 이유는 철저하게 인과적 관점에서 우리 의식의 깊은 곳을 탐색하기 때문입니다.

우연 혹은 필연

¶

프로이트는 강의에서 다음과 같은 예를 든 적이 있습니다. 중요한 회의에서 개회를 선언해야 하는 의장이 "폐회를 선언합니다!"라고 말하고는, 이것이 실수였으며 그저 우연이었다고 설명합니다. 이때 자신의 행위가 우연이라고 말하는 것은 특별한 이유나 원인이 없이 벌어진 일이라는 뜻입니다. 물론 인간의 행동에는 의도와 상관없는 것들이 있습니다. 예를 들면 갑자기 다리에 경련이 일어난다거나 심장이 계속 박동하는 현상은 우리 의도와는 상관이 없습니다. 그런데 그런 행동을 우연이라고 말하지는 않죠. 다리가 갑작스레 떨리거나 심장이 뛰는 일에는 어떤 물리적 원인이 반드시 있기 때문입니다. 그러므로 그런 행동에 우연은 없습니다. 우연이라는 말을 '원인 없이 일어나는 일'로 이해한다면 말입니다.

그렇다면 우연이라고 일컬을 수 있는 경우는 우리가 의도한 바와는 어긋나게 일어난 행위일 것입니다. 따라서 개회를 선언해야 할 의장이 폐회를 선언한 것을 두고 우연이라고 하는 이유는, 자신의 의도와 어긋나게 폐회라는 말이 튀어나왔다는 뜻이겠지요. 다시 말해 폐회라고 말할 이유가 없는데 그 말이 나왔으니 (특정한 원인이 없다는 뜻에서) 우연이라고 말할 수 있다는 겁니다. 하지만 이에 대해 프로이트는 «정신분석 강의»에서 이렇게 설명합니다.

> 그런 방식으로 어떤 사람이 자연의 어느 한 부분에서만이라도 인과율을 무의미하게 만들어버릴 수 있다면, 그는 모든 과학적 세계관을 팽개쳐버린 것과 다름없을 것입니다.

프로이트는 우리의 언어적 실수 중 상당수가 단순히 주의력이 떨어진 탓이나 우연에서 비롯된 일이 아니라 진지한 정신적 행위라고 말하고 싶었던 것입니다. 물론 이때 프로이트는 의식과 정신을 구분합니다. 다시 말해 우리가 의식하지 못하는 어떤 영역, 즉 무의식적 사고나 의도 혹은 의지가 지배하는 영역이 우리 정신 안에 있다고 말입니다. 실수는 바로 그런 무의식 영역에 그 원인이 있는 결과물인 셈입니다.

사실 위 사례에서 개회라고 선언해야 하는데 폐회라고 선언하는 어처구니없는 실수를 한 사람의 심리 상태는 정신분석학을 모르는 사람이라도 짐작할 만합니다. 빨리 회의가 끝났으면 하고 바라는 마음이 엿보이기 때문입니다. 그런 점에서 프로이트의 주장에는 매우 경험적인 설득력이 있어 보입니다.

문제는 그것을 객관적이라고 말하기가 어렵다는 점입니다. 더욱이 그 실수를 한 사람 자신이 스스로를 돌아볼 때 오늘 회의가 중요해서 긴장했을 뿐이지 빨리 끝나기를 바란 적은 추호도 없다고 믿고 있습니다. 그럴 때 누군가 그 실수에 대해 회의가 빨리 끝나길 바란 당신의 욕망 탓이라고 비난이라도 한다면, 아마 그 당사자는 너무나 억울할 것입니다. 실제 우리도 이따금 그와 비슷한 경험을 합니다. 너무 긴장한 나머지 어처구니없는 실수를 했는데, 주변 사람에게서 일부러 그런 것 아니냐는 질책을 받아본 경험은 누구나 한 번쯤 있음 직하지요.

프로이트는 그런 실수를 하는 원인이 무의식에 자리 잡은 은밀한 욕망 때문이라고 설명합니다. 다시 말해 결코 밖으로 드러내고 싶지 않은 욕망이기에 (깨어 있는) 의식이 사실은 기만당하고 있다는 겁니다. 개회를 폐회라고 '잘못' 선언한 의장이 사람들 비난에 억울하다고 느끼는 이유는 그런 욕망이 억압당해 있어서 스스로 그런 욕망을 품고 있었다는 사실조차 알지 못하기 때문입니다. 프로이트는 오랫동안 우리가 보지 못하고 있던, 혹은 보았지만 그렇게 확실하다고 생각해보지 않았던 인간 의식 내면의 깊은 영역을 밖으로 꺼내려 시도합니다. 이런 시도가 얼마나 큰 논란을 불러일으켰을지는 짐작하기 어렵지 않습니다. 그 출사표와도 같은 내용이 «정신분석 강의»에 실려 있습니다.

> 정신적인 것을 의식과 동일시할 것인가, 아니면 의식 너머까지 확장시킬 것인가 하는 문제를 둘러싸

고 논란을 벌이는 것은 어쩌면 공허한 말장난처럼 들릴 것입니다. 그러나 무의식적인 정신 과정을 설정함으로써 이 세상과 학문의 세계에 결정적으로 새로운 방향이 확립되었다는 것을 나는 여러분에게 확실하게 말씀드릴 수 있습니다.

이때 의식은 당연히 깨어 있는 의식을 말합니다. 프로이트는 우리의 깨어 있는 의식 말고도 정신에는 더 커다란, 그리고 감추어진 영역이 있다고 말한 셈입니다. 비록 프로이트의 정신분석학이 수많은 사람에게 비판을 받았지만(심지어 자신의 딸인 안나 프로이트에게서조차) 그 비판의 양이 그의 공로를 덜어내지는 못합니다. 왜냐하면 그는 적어도 그동안 인간을 다루어온 어떤 학문도 보여주지 못한 무의식의 대륙을 발견한 콜럼버스였기 때문입니다.

프로이트가 말하는 무의식은 말 그대로 깨어 있는 의식이 자각하지 못하는 영역입니다. 따라서 당연히 보이지 않는 영역입니다. 프로이트가 그 보이지 않는 곳을 발견할 수 있었던 이유는 사실 아주 단순하면서도 분명합니다. 앞서 말했듯 프로이트는 자연에는 우연이란 없다고 믿었기 때문입니다. 콩 심은 데 콩 나고 팥 심은 데 팥이 나듯, 자연에서 원인 없는 결과는 없다는 것입니다. 실수를 하고 꿈을 꾸고 어떤 강박증이 생겨나는 데에는 단순한 우연을 넘어서는 어떤 원인이 있으리라는 생각은 우리가 자각하지 못하는 또 다른 의식의 영역으로 프로이트를 인도했을 것입니다. 세상 모든 일은 인과 연쇄의 그물망 안에 있다는 믿음. 그 믿음을 통해 프로이트는 자신의 정신분석학을 과학이라고 부를 수 있었을 겁니다.

물론 프로이트의 정신분석학이 과학적 방법을 따른다고 말하기는 쉽지 않습니다. 비록 그 자신은 그렇게 주장하지만 많은 사람들이 동조하지 않기 때문입니다. 심지어 과학철학자인 포퍼K. Popper는 정신분석학을 사이비 과학이라고 말한 적도 있습니다. 포퍼에 따르면 프로이트의 정신분석학은 반증이 되질 않습니다. 바꾸어 말하면 프로이트의 이론이 옳은지를 확인할 방법이 마땅치 않다는 것입니다.

가령 개회를 선언해야 할 의장이 폐회를 선언하는 실수가 그의 감춰진 욕망 때문이라는 진단이나, 나무랄 데 없이 점잖은 숙녀가 유독 자신의 남편에 대해 심한 의부증을 보이는 원인이 사실은 본인도 모르게 사위를 사랑하는 데서 오는 죄책감을 덜고 싶은 욕망 때문이라는 진단에 대해, 그 누구보다도 당사자들이 철저하게 거부할 것입니다. 물론 그들은 자기 마음을 들여다보는 가장 중요한 목격자입니다. 따라서 가장 중요한 목격자가 프로이트의 분석에 대해 잘못이라고 증언한다면, 신빙성 있어 보일 수밖에요. 하지만 그들은 그 사건의 이해 관계자이자 동시에 프로이트가 들여다보려는 정신의 소유자들입니다. 프로이트는 그들의 무의식이 그런 창피한 사실을 인정하기를 거부하도록 억압하고 있다고 분명 말하겠지요. 이는 마치 결정적 증거 없이 정황증거만으로 서로 입씨름하는 법정 다툼처럼 보입니다. 따라서 포퍼가 프로이트의 이론은 과학이 아니라고 말하는 데에도 설득력이 있습니다.

사실 프로이트의 이론은 얼핏 우리의 일상생활에서 쉽게 경험하는 통속적 심리 추론과 크게 다르지 않을 수도 있습니다. 다시 말해 그리 새로워 보이지 않습니다. 정신분석학을 전혀 공부하지 않은 우리도 누군가 어처구니없는 말실수를 하면 그 실수가 그저 실수나 우연이라고만은 생각하지 않습니다. 또 누군가 이해하기 어려운 강박적 행동을 한다면 틀림없이 그렇게 행동하는 데는 뭔가 사정이 있을 거라고 믿습니다. 그러나 우리 중 누구도 그런 심리 분석이 과학적이라고 주장하지는 않을 듯합니다. 왜냐하면 당사자가 인정하지 않는 이상 그런 분석이 옳은지 틀린지 검증할 방법이 없어 보이기 때문입니다. 그저 주관적 추리일 뿐이라고 생각할 수밖에요.

그런데 이러한 태도가 지나치게 소극적이진 않은지 생각해볼 필요가 있습니다. 지난 수천 년 동안 우리가 인간 정신에 대한 탐구에서 늘 제자리만 지켜온 까닭이 바로 그런 소극적 태도 때문이었는지도 모릅니다. 물론 누군가의 의도를 해석자 마음대로 결정해버리는 어이없는 일들이 우리 주변에서 끊임없이 일어나기는 하지만, 그런 실패 사례를 이유로 타인의 마음은 알 수 없다고 단정해버리는 태도도 지나치게 조급해 보입니다. 사실 우리는 어머니가 건네는 따뜻한 밥 한 그릇에서 그 마음을 느낍니다. 타인의 마음과 관련해서 매우 확실하게 아는 순간들이 분명 있습니다. 그래서 원리적으로는 타인의 마음을 알 수 있다고 말해도 무방하다는 생각이 듭니다. 어차피 자연에 대해서도 우리가 모든 것을 다 알진 못합니다. 그럼에도 자연에 대해 점점 더 많이 알 수 있을 거라고 믿습니다. 인간의 마음에 대해서는 그렇게 믿지 못할 이유가 무엇일까요?

정신이라는 영토의 지도

¶

프로이트의 새로움은 그런 통속적 심리 분석과 믿음을 그저 막연하게 쳐다보기만 하지 않고 우리 내면을 발견하기 위한 구조적 지도를 만들어보았다는 점에 있습니다. 즉 모형을 만들어본 것입니다. 프로이트는 우리 정신 영역을 셋으로 나눕니다. 셋으로 나누는 전통은 동서양을 넘어 오랜 세월 전해오는 신비한 고집입니다. 플라톤도 혼을 세 부분으로 나누었고, 변증법도 셋의 구조를 갖추었으며, 미국의 철학자인 퍼스C. S. Peirce의 우주론도 셋의 원리에 충실합니다. 프로이트도 이 셋의 원리를 따라 우리 본능과 충동에

해당하는 이드Id, 양심과 도덕적 명령에 따르기를 고수하는 초자아Super Ego, 그리고 그 둘을 조율함으로써 현실에서의 삶을 가능케 하는 자아Ego로 우리 정신 영역을 나눕니다. 마치 «삼국지»처럼 이 셋은 우리 정신이라는 영토를 지배하는 세 세력입니다.

실제로 프로이트의 이 지도가 우리 정신 영역을 탐색하는 좋은 길잡이 구실을 하는지는 여전히 확실치 않습니다. 그러나 이제껏 학문의 역사를 생각해본다면 프로이트가 탐색하기 시작한 길을 사용한 지는 이제 100여 년밖에 되지 않았습니다. 어떤 학문의 경우에는 수천 년이나 되었고 새롭게 정비한 자연과학도 500여 년 역사를 지닌 것에 비하면, 정신분석학의 역사는 일천하기 짝이 없습니다. 좀 더 기다려볼 필요가 있다는 뜻이기도 합니다. 그저 사람들의 궁금증과 호기심에 응답하는 지적 소비재 구실에 머무를지, 아니면 뭔가 실질적 발견들을 꺼내놓을지는 좀 더 기다려봐야 할 듯합니다.

프로이트 정신분석학이 지닌 의미를 확인해보는 더 좋은 접근은 인간 의식을 탐색하는 다른 방법과 비교해보는 일입니다. 비교 대상은 최근 한참 뜨겁게

달아오르는 방법, 바로 뇌과학입니다. 진보한 기술 덕분에 자극에 대한 뇌신경의 반응을 촬영하여 살펴봄으로써 주목받고 있는 방법입니다. 기술의 발전이 그동안 우리가 보지 못한 영역을 볼 수 있게 해준 전형적 사례라고 할 수 있을 것입니다. 뇌과학은 그동안 제대로 이해되지도 않았고 설명되지도 못했던 인간의 행동 양식을 설명하려는 시도들 중 하나입니다. 뇌과학의 기본 테제는 인간 의식은 결국 뇌의 작용으로 설명할 수 있다는 것입니다. 이러한 연구는 뇌신경 장애로 인한 질병을 이해하는 데는 물론이고 인간 의식 자체에 대한 탐구에도 많은 영향력을 미치기 시작했습니다. 뇌과학과 정신분석학은 동일한 대상을 탐구하고자 하지만 그 방법은 몹시 달라 보입니다.

비록 프로이트가 자신의 정신분석학을 과학적 방법이라고 말했지만, 고지식한 자연과학자의 시선으로는 그 말을 받아들이기가 쉽지 않습니다. 무엇보다 프로이트는 물질을 파악하는 방법으로는 알아낼 수 없는 정신의 독자적 영역을 인정한 셈이기 때문입니다. 근대 과학의 문을 연 뉴턴조차도 영혼의 존재를 믿었습니다. 그래서 말년에는 채식을 했다는 이야기도 전하죠. 동물에게 혼이 있다고 믿었기 때문입니다. 하지만 뉴턴의 후예 중 많은 사람이 영혼이나 정신을, 어떤 복잡한 구조의 물질적 현상들 총체를 가리키기 위한 편의적 표현쯤으로 이해합니다.

가령 학문의 역사에서 물질과 다른 존재로 여겨온 대표적 대상이 생명입니다. 오랫동안 많은 사람이 생명은 물질과는 다른 어떤 힘 내지 물질을 뛰어넘는 질서라고 이해해왔습니다. 하지만 뉴턴의 후예 중 환원주의적 믿음을 견지한 사람들에게 생명은 특별한 존재나 힘이 아니라 자연법칙의 지배를 받는 물질적 현상일 뿐입니다. 오늘날 유전자에 관해 많이 밝혀지면서 이러한 생각은 더욱 힘을 얻습니다. 그러니 생명에 토대를 둔 정신이나 의식 역시 마찬가지 관점에서 말할 수 있습니다. 우리 의식이나 정신이 뇌의 작용에 따른 결과라고 보는 것입니다.

뇌과학은 바로 그런 관점에서 우리 의식이나 정신을 해명하려고 합니다. 물론 뇌과학 내부에서조차 인간 의식을 물질적 작용으로 전부 환원해서 설명할 수 있느냐 없느냐를 두고 논란이 있습니다만, 그 논란은 환원주의적 방법이 과연 정신을 탐구하는 좋은 방법인가를 둘러싼 논쟁이지 의식이나 정신을 비물질적인 어떤 특별한 존재로 보려는 의도는 아닙니다.

그에 반해 전통 철학에서는 의식과 정신을 물질과는 완전히 구별되는 다른 대상으로 생각합니다. 때문에 물질을 탐구하는 방법으로는 결코 해명할 수 없다고 봅니다. 자연과학적 방법으로는 우리의 정신이 해명될 수 없다고 보는 것입니다. 그래서 인문학적 혹은 해석학적 방법이 정신을 이해하는 좋은 방법이라고 여깁니다.

앞서 프로이트의 방법이 모호하다고 말한 이유는 프로이트가 이런 두 대립적 경향 사이를 가로지르기 때문입니다. 우선 자연과학적 의미에서 인과율의 지배를 견지하면서도, 그 탐구 방법 자체는 대화를 통해 원인을 진단하는 전통 인문학적 방법에 가깝습니다. 이런 모호함 때문에 양쪽 진영 모두에게서 비판을 받기도 하지만, 뒤집으면 바로 그런 사잇길이 새로운 경로를 보여준다고 할 수 있습니다. 그런 점에서 그의 도전은 충분히 높은 평가를 받아야 마땅합니다.

프로이트의 기획은 보이지 않는 것을 보려는 인

간 사유의 본성을 잘 드러냅니다. 그는 내면 깊이 감추어져 우리가 보지 못하는 자신의 의식과 욕망을 은유와 치환의 방법으로 해석할 수 있음을 보여주었습니다. 그 해석의 정확성을 확인할 수 있는 방법이 마땅치 않으며 결국 분석을 받는 당사자가 확인할 수밖에 없다는 점에서 아쉽기는 하지만, 그럼에도 피분석자의 정신세계를 합리적으로 재구성해볼 수 있는 유의미한 모형이라는 점은 부인하기 어렵습니다.

프로이트의 방식과는 달리 좀 더 객관적으로 보이는 뇌과학적 설명 역시 보이지 않는 것을 보려는 시도라는 점에서는 마찬가지입니다. 우리가 깜짝 놀라서 흥분했을 때 뇌의 특정 부위가 즉각적으로 반응한다면, 그 반응 부위와 감정 상태를 연결해 생각해볼 수 있습니다. 그에 따라서 누군가의 뇌가 바로 그 부분에서 격하게 반응한다면, 이 사람이 몹시 흥분한 상태라고 말할 수 있을 것입니다. 직접 촬영된 뇌의 사진을 보면서 말이죠.

다만 프로이트의 이론이든 뇌과학의 설명이든 아직 충분하지는 않습니다. 예컨대 뇌과학에서 말하는 뇌의 반응과 당사자의 흥분 상태가 잘 연결이 될

까요? 다시 말해 우리가 흥분이라고 말하는 상황이 뇌의 경우에는 하나지만 심리 상태로는 대단히 복잡할 수도 있습니다. 하나의 뇌 상태에 대응하는 심리 상태가 동시다발적 기쁨과 분노와 슬픔일 수도 있습니다. 중학교 때 배운 함수에 비유하면 일대다 대응이 가능하다는 것입니다.

뇌과학적 설명이 객관적이기는 하지만 인간 심리의 지극히 복잡한 상태를 만족스럽게 구분해내지는 못합니다. 심지어 우리는 '웃픈' 상태까지도 알고 있지 않은가요. 마치 문법적 형태는 동일하지만 문장의 의미에 있어서는 커다란 차이가 나는 경우와 같습니다. '웃깁니다!'라는 동일한 문장이지만 그 맥락과 어조에 따라 정말 웃길 수도 있고, 비아냥거림일 수도 있고, 분노의 표현일 수도 있듯이 말이죠. 마찬가지로 꿈을 외부 자극에 의한 결과로 보거나 뇌파와 눈동자의 움직임을 통해 꿈꾸고 있음을 파악하는 뇌과학은 꿈과 관련된 인간 문화의 오래된 경험을 해명하지 못합니다. 반면 정신분석학에서는 그를 바탕으로 꿈과 상징 사이에 고유한 상관관계가 있음을 분석합니다.

인간의 의식과 정신을 들여다보려는 여러 시도에는 나름의 장단점이 있습니다. 한편은 자연과학의 후예답게 객관적이고자 하지만 복잡한 인간 내면을 파악하기에는 부족함이 많고, 다른 한편은 상징적 의미를 통해 인간의 욕망과 심리를 잘 드러내기는 하지만 객관성이 부족해 보입니다. 이 둘은 여전히 경쟁 중입니다. 다만 어느 한편의 손을 들기보다는 문제가 되는 대상을 이해하기 위해 이런저런 설명 모형을 만들어보는 시도 자체에 주목한다면, 인간 사유의 본성을 이해하는 데 부족함은 없어 보입니다. 이 세계를 설명하기 위해 플라톤이 그랬고 뉴턴이 그랬듯이 말입니다.

'그럼에도 불구하고'의 자유

¶

프로이트의 시도가 보여준 것은 일종의 가능성이었습니다. 우리 의식과 정신을 이해하려는 시도는 말 그대로 인류 문화의 역사와 함께합니다. 그 오랜 세월 동안 철학과 문학 그리고 예술을 통해서 인간 정신을 이해하고 표현하려 끊임없이 시도해왔으니까요. 하지만 냉정하게 말해서 우리가 플라톤 시절에 비해 인간 정신에 대해 훨씬 더 많이 알게 되었느냐고 묻는다면, 확실히 그렇다고 대답하기는 어려울 듯합니다. 물론 플라톤의 지적 위대함을 칭송하려는 의도는 아닙니다. 그만큼 인간 정신의 영역이 안갯속처럼 우리 지적 탐색에 저항해왔다는 뜻입니다. 뇌과학이든 프로이트의 정신분석학이든 그 안개를 걷어내려는 시도로 보아야 할 것입니다. 그리고 이런 시도들이 우리 지식을 성장시켜온 것은 확실히 부인할 수 없는 사실입니다.

다만 그런 지적 성장이 아쉬움을 주기도 합니다. 인간 정신을 둘러싼 자욱한 안개가 이런저런 시도를 통해 서서히 걷히는 현실이 고무적이기는 하지만, 그 설명 과정에서 중요한 뭔가를 놓치고 있다는 느낌이 들기 때문입니다. 바로 자유의 문제입니다. 인간의 의식과 행동은 결국 뇌의 작용으로 설명할 수 있다는 뇌과학자의 설명 그리고 우리 의식적 행위 대부분이 무의식의 영향을 받는다는 정신분석학적 설명, 둘 모두 인간의 자유가 무엇인지를 만족스럽게 설명해내지 못합니다. 앞서 타인을 영원한 지옥이라고 표현한 사르트르가 인간에게서 가장 주목한 바 역시 자유의 문제입니다.

자유의 문제는 인간 삶에서 결코 소홀히 다룰 문제가 아닙니다. 도덕적 행위, 윤리적 책임 등의 문제와도 연관되어 있기에 더욱 그러합니다. 인간이 자유로운가 하는 질문은 일면 자명해 보입니다. 일단 본능에 반하는 의지적 행위를 할 수 있다는 사실은 분명합니다. 칸트I. Kant가 말했듯, 우리는 단순히 하고 싶은 것을 하는 존재가 아니라 하고 싶어도 하지 않으며 하고 싶지 않지만 자발적 의지를 통해 할 수도 있는 존재입니다. 누군가에게 도덕적 책임을 묻는다면, 그가 달리 행동할 수 있었음에도 그렇게 하지 않았음에 대한 책임을 묻는 것입니다. 인간이 본능의 명령에만 따르는 다른 동물에 비해 칭찬받을 만하다면, 그 본능에 저항하여 도덕적이고 윤리적인 행위를 할 수 있기 때문일 것입니다. 인간은 기계가 아닙니다. 따라서 기계적이고 인과론적인 방식으로 인간을 설명한다면, 인간의 역량을 과소평가하기 쉽습니다.

지상의 다른 어떤 존재도 달성하지 못한 수준의 자유를 인간은 자신의 존재 근거로 삼습니다. 인간은 이런저런 사정을 따져 합리적으로 계산하면 자신에게 손해일지라도 기꺼이 그 일을 선택할 수 있는 존재입니다. 그것이 바로 인공지능과 결정적으로 다른 점입니다. 인간의 행동에는 늘 반전이 있습니다. 드라마처럼 말이죠. 반전의 주인공은 대개 그동안 자신이 유지해온 선택의 원리에 어긋나는 행동을 감행합니다. 선택의 기준이 매번 다를 수 있으며 그런 반전이 우연이나 실수가 아니라 고뇌와 결단에 따른 변화라는 사실, 이 때문에 인간이 타인을 이해하기가 쉽지 않은 것입니다.

오늘날 경제학자나 마케팅 전문가들은 뉴턴의 후예로서 인간 행동의 법칙을 발견하여 시장 속 인간이 어떻게 행동할지를 예측하려 시도합니다. 하지만 그 시도가 번번이 실패하곤 하는 이유는 인간이 이처럼 자유로운 존재이기 때문입니다. 또한 개개인이 지니는 풍요로운 의미의 망 덕분에 인간 사회는 그러한 유연함을 유지합니다. 사물에서 읽어내는 의미 또 사물에 부여하는 의미가 사람마다 다른 결과입니다. 동일한 대상에 대해 서로 다른 의미를 읽어내고 서로 다른 선택을 할 수 있는 것은 고도로 복잡한 의미론적 존재로서 인간의 고유한 특성입니다.

플라톤으로부터 프로이트에게 이르기까지 우리가 초점을 맞춘 것은 보이지 않는 것을 보기 위한 노력이었습니다. 이것은 인류가 발전시켜온 지적 문명의 뿌리이기도 합니다. 지구 위에 함께 사는 인류의 다른 동료들이 자신을 둘러싼 환경의 변화에 수동적으로 적응해온 반면 인류는 그 환경 자체를 변화시키는 전략을 취해왔습니다. 이러한 적극적인 적응 전략은 보이는 것을 넘어 보이지 않는 것을 보려는 우리의 지적 태도로부터 비롯하기도 했습니다. 그것은 본성적으로 열려 있는 질문, 다시 말해 아직 주어지지 않은 빈 곳을 향한 것입니다. 이제 우리 생각을 구성하는 이중나선의 다른 한편에 눈을 돌려봅시다. 바로 생각을 통해 발견한 뭔가를 실제로 구현해보려는 태도입니다.

발견에 있어서 동일한 사태라도 어떤 맥락에서 규정하느냐에 따라 달리 보일 수 있는 것과 마찬가지로 구현의 방식도 맥락에 따라 달라질 수 있습니다.

달리 말해 누군가에게는 보이지 않던 것이 어떤 사람에게는 보이듯이, 누군가는 구현해낼 방법을 생각하기가 어렵지만 어떤 사람은 구현해낼 방법을 찾아내는 것입니다. 발견의 맥락도 구현의 맥락도 분명 사회적 조건과 연관되어 있습니다. 사회적 상황과 기술적 수준이 발견을 가능하게 할 수도 있고 구현을 가능하게 할 수도 있습니다. 갈릴레이가 달 표면을 직접 관찰할 수 있었던 것은 망원경이라는 도구가 있었기 때문이고, 연금술사들이 사물의 본성을 바꾸지 못했던 것은 아직 화학적 처리에 관한 올바른 지식들이 모자랐기 때문입니다. 결국 발견과 구현은 서로가 서로를 고무하는 관계에 있습니다. 발견을 하면 구현해내고 싶고 구현을 하려면 발견이 필요하므로, 그 관계는 마치 이중나선이 서로 얽혀 하나의 통일성을 이루는 것처럼 보입니다.

뭔가를 구현하려는 과정은 발견의 과정에 비해 좀 더 선택적입니다. 플라톤이 우리에게 가르쳐준 바대로 말하자면 불완전한 현실의 조건들을 어떻게 판단하느냐에 따라 적도를 결정하는 과정이 달라지고 그에 따라 구현의 방식과 정도도 달라지기 때문입니다. 그래서 선택의 역할이 좀 더 중요해지는 구현의 과정은 발견의 과정에 비해 인간의 자유에 더 많은 부분을 의지합니다. 예술가들이 자신이 본 현실을 묘사하기 위해 적절한 재료와 표현 방법을 찾는 과정이나, 외국어를 자동으로 번역하는 프로그램을 개발하는 사람들이 개념의 의미망을 범주적으로 구성해나가는 과정 역시, 어떤 선택을 하느냐에 따라 완성물의 효용성이 달라질 것입니다.

다시 한 번 강조하자면 발견의 과정과 구현의 과정은 서로 맞물려 있는 짝과 같아서, 좋은 구현이 이루어지려면 발견이 앞서야 하고 좋은 발견은 그에 앞선 구현의 상황에 의존합니다. 다시 말해 발견과 구현의 차이는 협력을 위한 차이일 뿐, 구분을 위한 차이는 아니라는 것입니다. 이제 2부에서는 구현의 과정을 살펴보려 합니다. 아울러 좋은 발견과 구현을 위해 필요한 지적 태도란 무엇인지도 살펴보겠습니다.

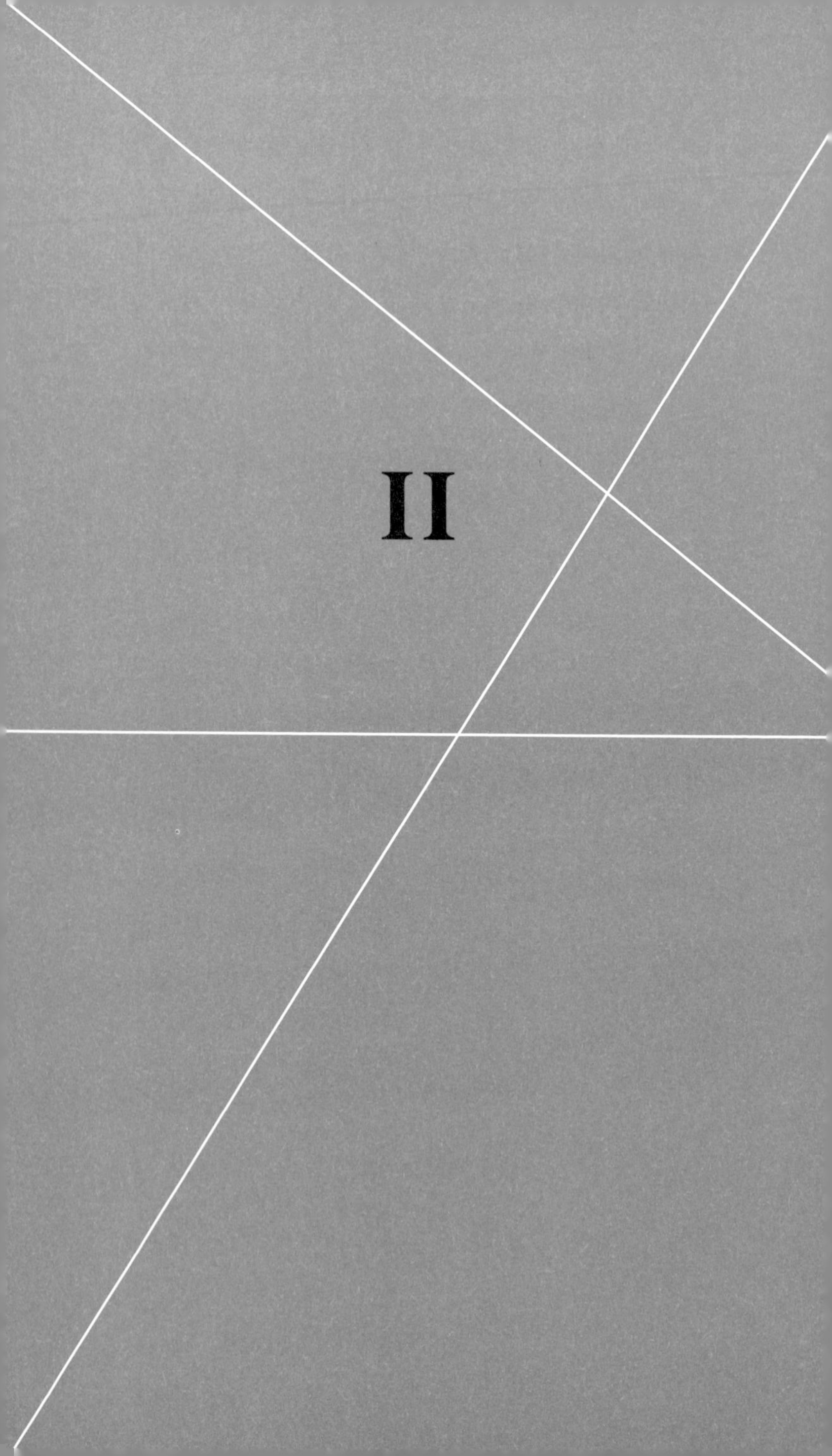

II

구현하는 사유

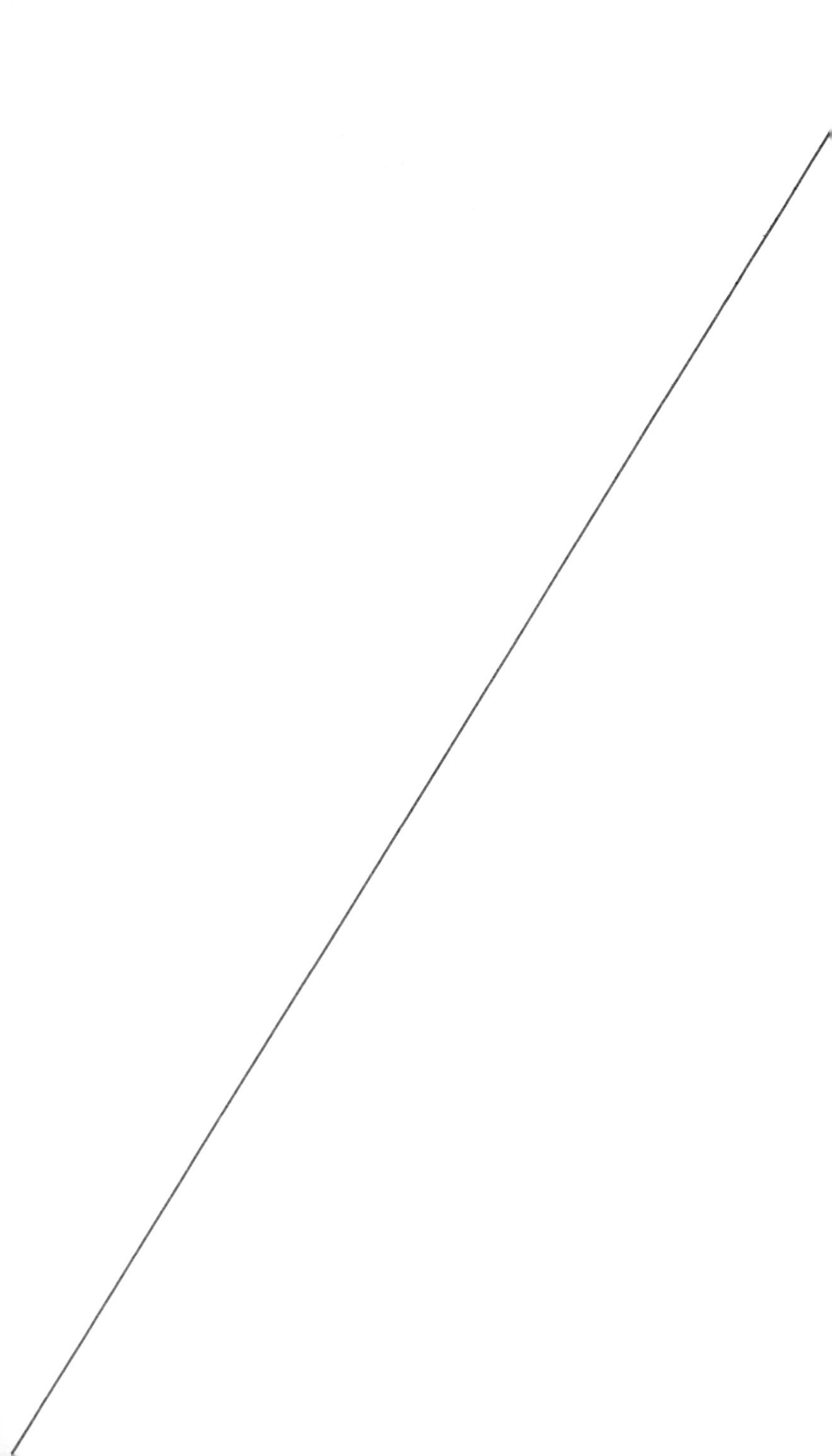

6/10

재현의 장인

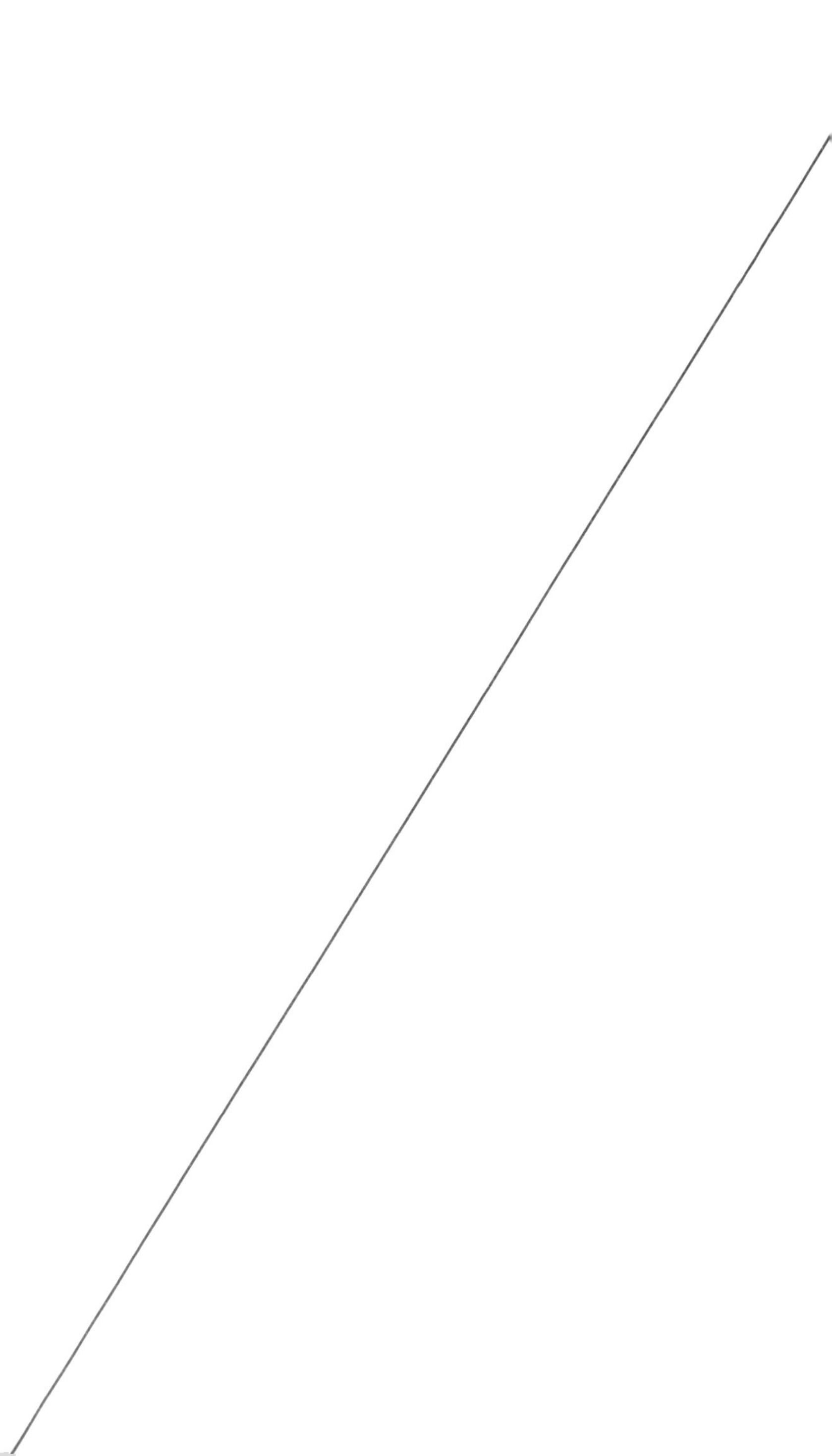

시인 기형도

¶

"그로테스크한 리얼리스트." 우리나라의 대표적 문학평론가였던 김현이 시인 기형도의 요절을 아쉬워하며 한 말입니다. 기형도는 짧은 생애를 살고 떠난, 하지만 긴 여운을 남긴 시인입니다. 보이지 않는 것을 보이게 하는 사유의 본성을 살펴보면서 마침내 시인 기형도를 떠올린 것은 그의 시와 산문이 모호한, 그래서 잘 보이지 않는 것들을 독특한 방식으로 형상화했기 때문입니다. 바로 자아와 죽음의 문제였습니다. 둘 다 개인의 실존적 삶에 있어 가장 중요한 문제들이기도 하지만 특정한 상황에서는 사회적 의미를 띠는 문제들이기도 합니다. 인간이 사회적 존재인 한 인간의 모든 문제가 사회성을 갖겠지만, 삶의 한계상황에 대해 특별히 진지하게 생각하게끔 만드는 사회적 상황도 있습니다. 그런 의미에서 기형도가 살아내야 했던 시대를 생각한다면, 그가 보이고자 한 것들이 오롯이 개인의 관심사였다고만은 말할 수 없을 것입니다.

플라톤은 시인을 평가절하 한 적이 있습니다. 그들이 참된 실재의 아류, 다시 말해 모방품을 만들어 냄으로써 사람들을 현혹할 수 있다고 보았기 때문입니다. 플라톤은 격정과 같은 감정들을 정신의 지도와 통제를 받아야 할 대상으로 보았으니 더 그럴 만합니다. 때때로 한 편의 시나 음악 혹은 사진 한 장이 수많은 사람의 마음을 움직이는 점을 생각해보면, 플라톤의 걱정을 이해할 법도 합니다. 격정이 참된 진실을 가릴 위험이 있기 때문입니다. 마치 평생 그림자만 보고 살아온 동굴 안 사람들이 태양빛 아래 빛나는 실재를 보고 돌아온 자에게 사악한 누명을 덮어씌웠듯이 말입니다.

반면 프로이트가 알려준 사실은 우리의 맑은 정신이 때로는 그 이면에 감추어진 격정의 지배를 받을 수도 있다는 점이었습니다. 게다가 그 영향은 너무나 은밀해서 의식은 자신이 지배당하고 있다는 사실조차 자각하지 못합니다. 다시 말해 현실은 플라톤이 생각했던 것보다 훨씬 더 복잡할 수 있다는 뜻입니다. 뉴턴 이후 계몽주의 시대, 과학적 이성을 이념적 지향점으로 삼았던 사람들에게도 마찬가지 이야기를 할 수 있을 것입니다. 이성을 빛으로 환유하는 사고 방식으로는 빛이 닿는 곳만이 보일 뿐입니다. 하지만 그로 인해 그림자가 생겨나 존재의 일부는 가려집니다. 비록 그림자 때문에 보이지 않지만 분명한 것은 보이지 않는 부분 역시 우리 존재를 구성한다는 사실입니다. 이것이 인간 지성이 타고난 '시선의 역설' 입니다. 보고자 해서 보다가 보면 가려지는 부분도 생길 수 있습니다.

우리 삶에서 기억이 중요한 까닭은 이렇게 그림자 속으로 사라져가는 것들을 붙잡아두는 기술이기 때문입니다. 그렇게 과거의 어둠 속으로 사라지는 모든 존재가 그 순간만큼은 소중하며, 무엇보다 그것들이 바로 우리 현재를 이룹니다. 다시 말해 과거로 침잠해가는 것들은 현재의 우리에게 그 흔적을 남겨놓습니다. 예술가들은 순간적 찰나에 자신들이 본 것을 자기만의 방식으로 구현해내는 재주를 가진 사람들입니다. 그들이 본 것은 다른 사람이 보지 못했던 것들이며, 설령 누군가 보았더라도 어떻게 표현할지 알지 못하던 것들이었습니다. 기형도는, 아니 시인은 그렇게 보이지 않는 것들을 형상화하고자 했습니다.

발견과 구현 사이

¶

대한민국에서 1980년대는 특별한 시공간입니다. 독재정권은 끔찍한 사회적 폭력을 자행하던 시대였고, 뜨거운 저항이 분출하던 시대였으며, 결과적으로 민주화를 이루어낸 시대였습니다. 당대를 살아내는 방식은 다양했지만, 성찰의 양상은 단순했습니다. 누군가는 비장한 각오로 무장하고 역사 속으로 뛰어들었고, 뒤에 남은 누군가는 그 이유야 어찌되었든 마음의 빚을 지고 살아야 했습니다. 그래서 개인의 취향에 몰입하는 일에 커다란 부채 의식을 느껴야만 했습니다. 시대가 개인을 억압할 때 나타나는 반응은 극단적입니다. 살아남은 자의 죄의식을 공공연히 토로하거나, 오히려 그 무거운 짐을 벗어던지기 위해 반대 방향으로 내달리는 사람도 많았습니다. 대의를 위한 개인의 희생이 칭송받던 시대, 어쩌면 그것은 또 다른 형태의 억압이었는지도 모릅니다.

언제나 밝고 쾌활한 청년이었지만 결코 녹록치만은 않았던 개인사를 지닌 기형도는 자신의 작품 속에 그런 시대를 담아냅니다. 너무 가깝지도 또 너무 멀지도 않은 시선으로 그려내지요. 그 스스로 그런 거리를 의도했다기보다는 그럴 수밖에 없었는지도 모릅니다. 그래서 그는 더더욱 힘들었을지도 모릅니다. 그의 작품에는 시대의 아픔이라는 배경과 시인 자신이 겪어야 했던 삶의 무거움 및 고독함이 뒤섞여 있습니다. 죽음의 문제를 생각하고 삶을 반추하는 그의 이야기들이 습하고 우울한 상징들과 가까운 이유는 그 때문인지도 모르겠습니다.

시인의 직업이 기자였다는 사실은 묘한 아이러니입니다. 기자라는 일은 '사실'을, 어쩌면 '진실'을 말하는 직업입니다. 그러나 사실과 진실 사이에는 커다란 균열이 있음을 우리 모두는 잘 압니다. 사실은 언제나 아무 말도 하지 않기 때문입니다. 적어도 그 일이 일어났다는 것은 너무나 명백한 사실이지만, 그 사실이 무엇을 뜻하는지는 말하는 자에 따라 그

의미가 다릅니다. 사실은 항상 모호합니다. '안개'는 그런 점에서 기형도라는 시인이 좋아할 법한 상징입니다.

가까운 친우의 동생이었던 성우제에게 보낸 편지*에서 기형도는 이렇게 말합니다.

> 시적 대상의 출발은 사상事象에 있는 것이고 시가 어떠한 형식으로 그 사상들을 변형시킨다 해도 실재로 존재하는 세계는 아무것도 변하지 않는다. 이것은 결국 사상을 의미화시키는 것은 개인으로서의 시인의 인식망認識網이고 … 대학 시절 내내 나를 놓아주지 않았던 것은 인식욕뿐이었다. 그러나 내가 가진 인식의 무기는 감각뿐이었다. 존재하는 것은 사실뿐이었고 가치란 혼돈의 질서 속에서 헝클어져 있었다.

시인은 자신이 보는 사실의 또 다른 의미를 찾아

* http://bomnamoo0420.tistory.com/321

내는 전문가입니다. 그리하여 자신이 발견한 의미를 형상화할 새로운 언어를 찾아냅니다. 똑같은 단어를 사용하면 다시 기존 사실로 되돌아가버리고 말기 때문입니다. 시어는 그렇게 사실에 덧붙여진 그 '무엇'을 지시합니다. 시인이 창조자인 이유는 그가 사실에 덧대어진 또 다른 가능성의 공간, 기형도의 표현을 빌자면 '창조적 세계'를 형상화해내기 때문입니다. 다시 말해 시인은 자신이 '본' 것을 '보이도록' 만드는 일에 탁월한 사람입니다. 그런 의미에서 시인은 발견자이기도 하며, 구현의 장인이기도 합니다.

언어의 일차적 기능은 지시하는 것입니다. 바깥 사물을 지시할 때도 있고, 내면 상태를 지시할 때도 있습니다. 그런 의미에서 언어는 바로 그'것'을 모형화해서 재현합니다. 하지만 언어의 불운한 숙명은 그것이 모형임에도 불구하고 어느새 그 자체의 논리를 갖추게 된다는 점에 있습니다. 그래서 지시하고자 하는 대상과 언제나 거리가 생기고 맙니다. 기형도는 이를 이렇게 말합니다.

글을 쓰면 쓸수록 논리는 또 다른 논리를 낳고 그

파생되는 논리의 방향은 갈수록 구체성에서 멀어지는 것 같다.

그것은 어쩌면 플라톤이 말한 것처럼 원본이 아닌 탓에 짊어져야 하는 재현의 불완전성인지도 모릅니다. 하지만 그 불완전성이 불운한 숙명이기만 한 것은 아닙니다. 모형과 원본 사이의 간극은 끊임없이 서로 접근하려는 시도를 촉발하며 결국 인간의 사유를 움직이게 만드는 동력이기 때문입니다. 이것이 결국 인간적 사유에 내재하는 창조성의 뿌리입니다. 시인의 환유와 은유는 이렇게 우리를 새로운 세계로 인도합니다.

사실과 진실 너머

¶

객관적 사실이 존재함을 믿고 그것이 결국에 진실을 보여주리라 믿는 태도는 계몽주의의 후예인 실증주의자들의 신앙에 가까웠지만 동시에 족쇄이기도 했습니다. 우리가 이미 사실과 진실이라는 단어를 구별해서 사용하는 현실 자체가 실증주의가 겪어야 할 운명을 재현해줍니다. 진실은 언제나 의미의 문제를 매개하며, 그런 한에서 끊임없이 되살아나는 새로운 인식을 허용할 수밖에 없습니다. 바꾸어 말하면 사실은 언제나 대변인을 필요로 하고, 그래서 사실의 의미는 불가피하게 사실의 대변인과 사실 사이의 관계에 의존합니다. 그래서 실증주의는 자신의 일관성을 위해 어쩔 수 없이 끝없이 확산해나가는 생산적 의미의 논리를 제거할 수밖에 없었던 것입니다. 근대 과학이 발전할 수 있었던 기법 가운데 하나가 바로 그것이기도 했습니다. 사실의 엄정한 중립성, 그것에 모종의 신성성을 부여해버리는 것입니다. 하지만 그 대가는 '새로운 상상력의 빈곤'이었습니다. 앞서 언급했던 와인버그는 자신의 책 《최종 이론의 꿈》에서 과학의 발전에 있어 실증주의의 해악을 설명하는 데 꽤 많은 지면을 할애합니다. 그 비판의 핵심은 실증주의의 경직성이었습니다.

본래 실증주의는 건강한 이념입니다. 오직 객관적으로 입증 가능한 것만을 진실의 후보 목록에 놓자는 그들의 제안은 허구가 넘쳐나는 세상에서는 아주 믿음직했습니다. 그러나 그 이념이 주문이 되고, 행동 지침이 되자 이내 사람들 생각은 경직되기 시작합니다. 실증주의 자체가 아니라 경직되어버린 실증주의가 문제였던 겁니다. 사물을 보는 방식이 굳어진 것을 우리는 고정관념이라고 부릅니다. 와인버그는 경직된 실증주의의 풍토 속에서 성장한 과학자는 자신이 기존에 당연하다고 믿은 고정관념으로부터 벗어나기가 어렵다고 지적합니다. 사물을 보는 새로운 시선을 떠올리기가 어렵다는 뜻입니다. 우리가 잘 아는 것처럼 과학의 획기적인 발전은 완전히 새로운 시선을 통해 가능했습니다. 코페르니쿠스가 그랬고, 아인슈타인이 그랬습니다.

아인슈타인이 그랬듯이 창조적 정신을 발휘한 과학자 중 상당수가 예술적 감성을 지닌 것은 우연이 아닙니다. 예술가는 자신이 본 바를 계속해서 새로운 형식으로 표현해내기를 시도하는 모험가이기 때문입니다. 그들은 세계를 오직 하나의 관점으로만 보는 경직성을 족쇄처럼 여깁니다. 얼핏 생각하면 실증주의의 엄격성과 예술적 자유로움이 서로 대립 요소처럼 보입니다. 하지만 그 자유로운 유연성이 오직 예술가만의 전유물일 리는 없습니다. 그것은 오히려 끊임없이 모형화하고 재현하려는 인간 사유의 본성입니다. 그러니 둘 사이의 긴장을 오히려 인간 사유가 가진 구동축으로 보아야 할 것입니다. 핵심은 그 둘을 어떻게 조화롭게 만드느냐에 있습니다.

'기자'의 눈과 '시인'의 눈을 동시에 발휘하기란 좀처럼 쉬운 일이 아닙니다. 하지만 그 예리한 이성과 예민한 감수성이 대립각을 세우기보다 조화로운 협력을 이룰 때 새로운 가능성들을 찾아내고 구현할 수 있을 것입니다. 이 엄격한 '발견'과 자유로운 '구현'의 균형점을 찾기 위해, 우리가 놓아야 할 징검다리들을 살펴보려 합니다. 먼저 발견과 구현의 차이에 관한 이야기부터 시작하겠습니다.

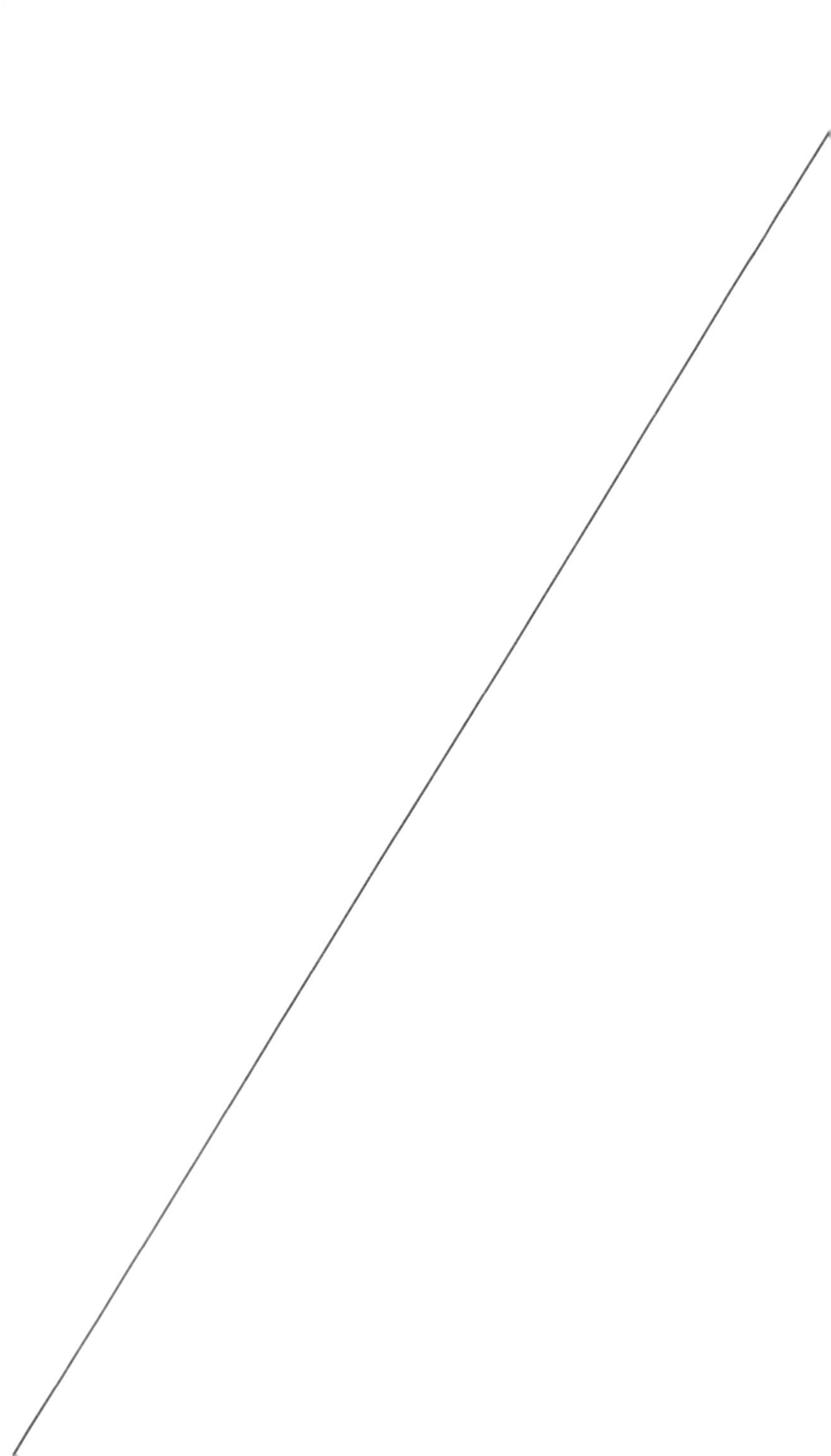

7/10

다르지 않다? 다르다! : 진짜 차이

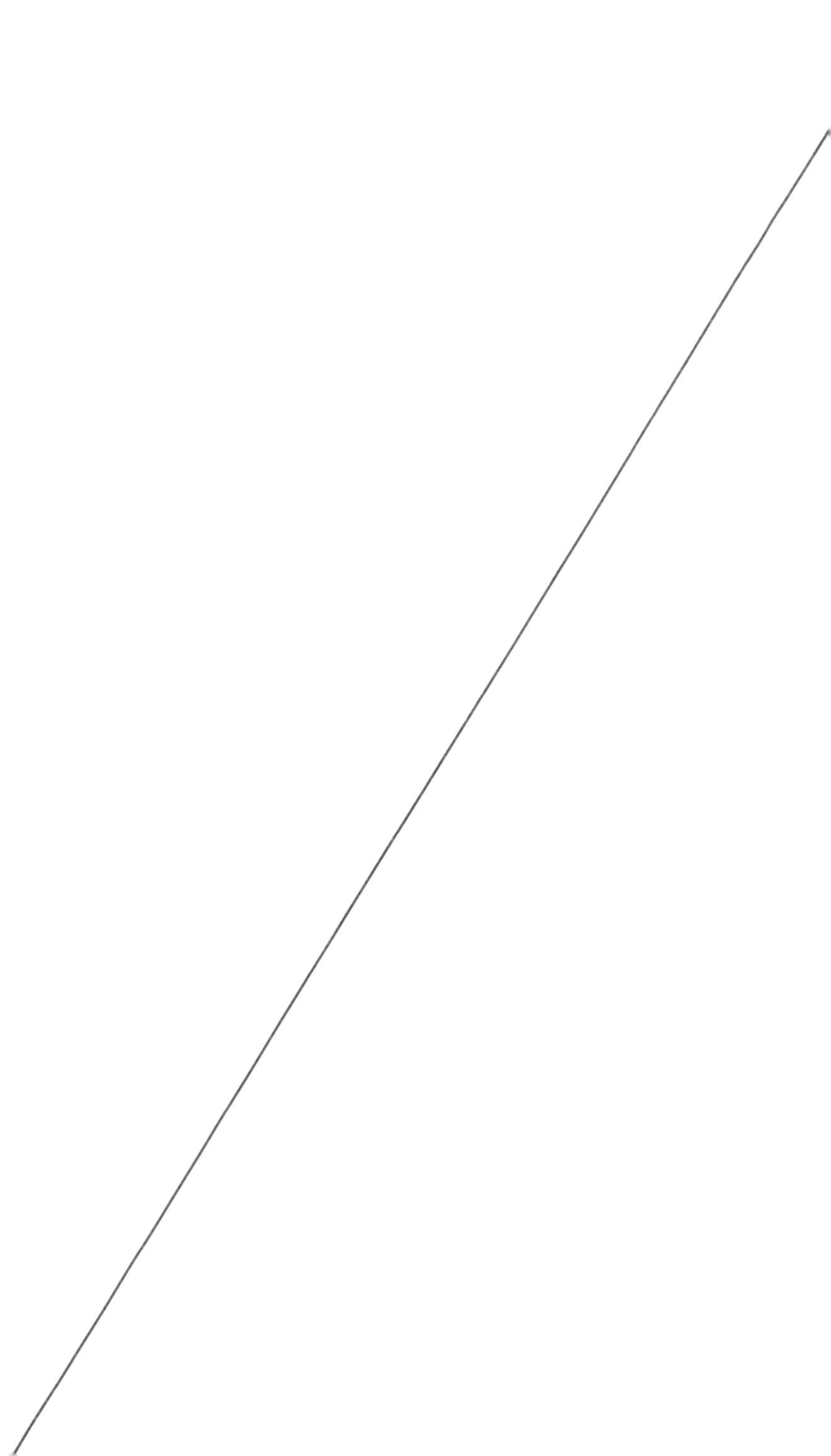

융복합 시대의 다양성

¶

1부에서 인문학과 자연과학 사이의 차이 그리고 이를 증폭하고 대립 국면으로 이해하는 시각은 일종의 사이비 문제임을 살펴보았습니다. 차이가 없다는 것이 아니라 그 차이가 부정적이지 않다는 뜻입니다. 문제는 오히려 그 차이를 대립으로 간주해버리는 우리 태도입니다. 이는 서로 열린 마음으로 대화하려는 의지를 약화하기 때문입니다.

우리에게 필요한 것은 서로의 부족함을 지적하는 경쟁이 아니라 협력입니다. 이는 사실 지난 50여 년 간 인문학 진영이나 자연과학 진영 모두에서 반복적으로 해온 이야기들입니다. 그럼에도 사정은 나아지지 않은 것처럼 보입니다. 여전히 현장에서는 대화가 안 된다는 불만이 터져 나옵니다. 물론 겉으로는 그런 말을 할 수 없습니다. 속으로만 생각하거나 같은 진영 사람들끼리 만나 그 어려움을 털어놓을 뿐입니다. 가뭄에 콩 나듯이 몇몇 재기 넘치는 사람들이 인문학과 자연과학을 멋지게 결합해내기도 하지만, 그야말로 예외적으로 보입니다.

«총, 균, 쇠»의 저자로 유명한 재러드 다이아몬드J. Diamond는 자신을 유명하게 만들어준 바로 그 책의 프롤로그에서 자신이 일종의 행운아였음을 고백합니다. 어머니는 언어학자였고 아버지가 의사였던 덕분에 본인이 인문학적 배경을 갖춘 자연과학도가 될 수 있었다는 말입니다. 진화생물학자이자 문화인류학자로서 다이아몬드는 오늘날 세계가 직면한 지역적 불평등이 어떻게 초래되었는가라는 사회학적 문제를 생물학적·역사적·지리적 관점에서 통합적으로 이해할 수 있는 틀을 제안합니다. 말 그대로 하나의 문제를 이해하기 위해 인문학과 자연과학을 넘나드는 (일반적으로 통용되는 표현으로 말하자면) 융복합적 설명 모형입니다. 이러한 학문 간 협력을 행운에 빗대어 말하곤 하는 이유는 우리가 서로 협력해야 한다고 말들은 하지만 속내는 여전히 차이에 대한 의식이 민감한 탓입니다.

우리가 구별해야 하는 진짜 차이는 인문학과 자

연과학 사이의 차이가 아니라 이론적 학문과 응용 학문의 차이, 혹은 우리가 앞서 말한 사유 방식과 연관해서 말하자면 '보이지 않는 것을 보려는' 사유 태도와 '본 것을 구현하려는' 사유 태도의 차이입니다. 물론 이론적 학문과 응용 학문이 다르다 하더라도 그 둘을 대립적으로 볼 이유는 없습니다. 그 둘은 마치 눈과 손처럼 협응이 필요한 관계입니다. 이렇게 대립적이지 않음에도 굳이 차이를 말하는 까닭은 그런 협력이 제대로 이루어지기 위해서는 차이를 분명히 인식하는 태도가 필요하기 때문입니다. 차이를 알아야 생산적이고 상보적인 관계를 만들어갈 수 있습니다.

이론적 학문과 응용 학문의 차이는 사실 새로운 이야기가 아닙니다. 이론과 응용이라는 이름에서 드러나듯 우리가 너무나 잘 알고 있기에 특별하게 거론할 이유가 없었을 뿐입니다. 그런데 그 차이를 다시 되새겨야 하는 까닭은 그렇게 뻔해 보이는 차이의 의미를 제대로 곱씹어본 적이 없기 때문입니다.

서로 다른 차이로 인해 다양성이 커지는 상황은 대체로 생산적일 때가 많습니다. 건강한 생태계는 대개 종 다양성이 풍부합니다. 기업이나 학문에서도 사정은 다르지 않습니다. 다양성은 사태를 보는 다른 시선을 제공하기 때문입니다. 물론 어떤 종류의 다양성은 파괴적이고 소모적이기도 합니다. 중요한 의사결정을 해야 하는 조직 내에서 지나치게 의견이 다양하고 특정 의견으로 수렴되지 않는다면 그것은 소모적인 다툼이 될 것입니다. 하지만 혹시나 그런 일이 일어날까 두렵다는 이유로 아예 다양성을 회피한다면, 새로운 것이 출현할 가능성을 고사시키는 일이 될 것입니다.

인문학과 자연과학의 차이를 강조하고, 그런 차이를 통해 대립을 정당화하는 태도는 생산적인 다양성이 아니라 소모적인 일입니다. 그 두 진영은 모두 세계라는 수수께끼를 풀기 위한 다양한 지성적 전략입니다. 그래서 우리는 그 차이보다는 공통점, 즉 보이지 않는 것을 보기 위한 노력이라는 점에 주목해야 합니다. 이렇게 세계에 관해 무엇인가를 알게 된 이후에는 그 지식을 적용해보는 길로 자연스럽게 이어집니다. 그것이 바로 응용 학문입니다. 기술을 개발하는 일이나 그 기술을 현실에서 사용하도록 만드는 공학이 그렇습니다. 예술의 경우도 다르지 않습니다. 화가나 작곡가는 자신이 발견한(느낀) 것을 현실에서 표현해냅니다.

이렇게 현실에 '구현하려는' 태도는 물리학자나 철학자가 감각적으로 주어진 세계 이면에 감추어져 보이지 않는 것을 '보려는' 태도와는 다릅니다. 이론적 관점에서 본 것을 현실에 구현해내기 위해서는, 현실의 조건들을 훨씬 더 예민하게 고려해야 하기 때문입니다. 보이지 않는 것을 보기 위해 플라톤과 갈릴레이가 감각적 경험을 무시했다면, 그렇게 발견된 것을 현실에서 구현하기 위해서는 거꾸로 감각적 경험에 신경을 써야 합니다. 물론 어느 한 학문이 오직 하나의 태도만을 갖지는 않습니다. 실험을 하는 물리학자라면, 또 자신이 깨달은 바를 다른 사람들에게 보이고자 글을 쓰는 철학자라면, 자신이 본 것을 현실에 구현해내려 시도하는 예술가와 다르지 않을 것입니다.

다시 말해 이론적 탐구와 그런 탐구를 현실에서 구현해내는 작업이 그렇게 선명하게 구분되지는 않습니다. 예술가도 보려고 애쓰는 과정에서는 이론적 시선으로 보며, 물리학자도 실험을 구상할 때는 공학자가 되기 때문입니다. 비록 이렇게 선명하게 구분되지도 않고 거의 동시적으로 일어나는 일이긴 하지만, 그럼에도 보려는 태도와 구현하려는 태도 자체를 나누어볼 수는 있습니다. 이런 구분을 중요하게 생각하는 까닭은 그 둘이 서로 상보적 관계에 있기 때문입니다. 이에 관해서는 나중에 문제 해결에 관한 장에서 좀 더 자세히 다루겠습니다. 우선은 보려는 사유와 구현하려는 사유 사이의 차이를 보다 분명히 하는 일에 집중해보겠습니다.

구현의 조건들

¶

보이지 않는 것을 보려는 일은 현실의 제약을 넘어설 수 있지만, 자신이 본 것을 현실에 모형화하는 기술이나 예술은 현실에서 부딪치는 실제적 조건을 따져봐야만 합니다. 그래서 주어진 것 너머에 있는 것(그것이 진리이든 혹은 그 무엇으로 표현하든 간에)을 보려는 일과 그렇게 본 것을 현실에 구현하는 일은 근본적으로 다른 태도를 요구합니다.

누군가 완벽하게 동그란 구를 표현하거나 기계 부품으로 쓰이는 베어링을 만든다고 생각해봅시다. 하지만 완벽하게 동그란 구를 만들어내기는 쉽지 않습니다. 현실은 언제나 오차의 한계를 인정해야 하는 곳이기 때문입니다. 어떤 이는 중력이 작용하기 때문에 지구에서 완벽한 구를 만드는 일은 불가능하다고까지 말합니다. 그래서 이론적 지식으로 본 것과 그것을 현실에서 써먹기 위해 만들어진 것 사이에는 늘 간극이 있게 마련이며, 그 차이를 좁히는 것이 기술 발전 양상 중 하나이기도 합니다.

이러한 관점에서 플라톤이 말한 이데아와 현실에 구현된 모형 사이의 간극을 인식하는 일은 기술 발전을 가능케 하는 동기라고 볼 수도 있습니다. 우리는 이상과 현실 사이의 간극을 계속해서 좁히고 싶어 하기 때문입니다. 그런데 이렇게 간극을 좁히려는 시도들은 언제나 이상적인 것에 대한 앎을 전제할 때 의미가 있습니다. 흔히 일상에서 어떤 제품의 완성도를 평가할 때, 비교 기준이 없다면 완성도라는 말 자체가 의미 없기 때문입니다. 그래서 좀 더 완벽한 어떤 것이라는 표현은 우리 지성이 본 완전한 어떤 것에 대한 앎을 전제합니다. 기술과 예술을 통해 무엇인가를 모형화하고자 할 때도 본래의 것에 대한 앎이 없다면 공허하고 생명력이 짧을 수밖에 없습니다. 플라톤은 이와 관련해 재미있는 이야기를 꺼내놓습니다. 이 세계가 어떻게 만들어졌는지를 신화적으로 설명한 것입니다. 고대 그리스 신화에 따르면 이 세계를 만들어낸 태초의 장인은 데미우르고스입니다. 플라톤은 그 창조의 장인마저도 이데아를 보고 세상을 만들었다고 말합니다. 무질서로 해체되려는 성향을 지닌 물질을 원형인 이데아에 맞춰서 질서를 지닌 존재자로 만들어냈다는 이야기입니다.

뭔가를 만들거나 현실에 구현하기 위해서는 현실적 조건을 고려하지 않을 수 없습니다. 재료의 문제뿐 아니라 관련된 제반 기술의 발전 상황 등등 제약 조건은 너무나 많습니다. 사람이 하늘을 나는 꿈은 신화에 나오는 이카로스 이래로 끊임없이 지속되어왔습니다. 하지만 수많은 시도 결과 마침내 사람이 날 수 있게 된 지는 채 200여 년이 안 되었습니다. 플라톤이 발견한 이데아나 갈릴레이와 뉴턴이 본 자연의 수학적 질서는 이상적 상황을 전제합니다. 이상적 상황이라는 말은 어떤 현실적 변인들이 고려되지 않았다는 것이며, 그런 의미에서 순수하다고 말할 수 있습니다. 하지만 그렇게 이상적인 상황은 말 그대로 이상적이며 현실에서는 찾아보기 어렵습니다. 따라서 그렇게 발견된 것들을 현실에 적용하기 위해서는 현실의 온갖 복잡한 문제들을 해결해야만 합니다. 그런 문제 해결 능력은 발견하는 것과는 다른 재주입니다. 때에 따라서는 우연이라고 할 만한 동기들이 있기도 하고, 때맞춰 필요한 것들이 갖추어져야 하는 상황적 조건들도 있습니다.

영국의 석탄 생산량을 획기적으로 늘려 산업혁명의 서막을 알린 뉴커먼의 증기기관을 개량한 동기는 놀기 좋아하는 소년 험프리 포터의 아이디어였습니다. 일일이 밸브를 수동으로 작동해야 하는 불편을 덜기 위해 걸쇠와 끈을 이용해 밸브 작동을 단순화한 것입니다. 포터의 뛰어놀고 싶은 마음이 없었더라면, 또 포터가 요령을 피우는 개구쟁이가 아니라 우직한 소년이었다면, 증기기관의 개량은 좀 더 늦어졌을지도 모릅니다. 기술의 발전 혹은 인간의 상상력이 현실에서 빛을 발하기 위해서는 때가 맞아야 합니다. 때가 맞아야 한다는 의미는 현실의 상황적 조건들이 아이디어를 실제로 구현할 수 있는 상태가 되었다는 이야기입니다. 이렇듯 무엇인가를 보려는 노력과 그렇게 본 것을 현실에 구현하는 일은 다른 차원의 문제입니다.

봄에서 만듦으로

¶

기술과 예술의 어원인 그리스어 '테크네techne'나 새로운 뭔가를 발명한다는 뜻의 라틴어 '인벤치오inventio'는 모두 자신이 알고 있는 어떤 바를 현실에 모형으로 구현해내는 일을 뜻합니다. 독일의 철학자 하이데거M. Heidegger는 그런 테크네(기예技藝)를 가리켜 사물을 그것의 존재 가능성으로부터 나타나게 하는 일이라고 말한 적이 있습니다. 하지만 하이데거는 근대 이후의 기술 문명에 대해서만큼은 비판적입니다. 왜냐하면 본래의 기예가 사물을 자신의 존재

가능성에 따라 드러나게 하는 방식인데 반해, 근대 문명 이후의 기술technology은 사물을 인간의 의도에 따라 몰아세움으로써 그 본래 의미를 왜곡시킨다고 보기 때문입니다. 예컨대 기술의 관점에서 강은 더 이상 강이 아니라 배가 지나다니는 통로이자 수력발전소의 에너지원입니다. 탄광 기술자에게 산은 산이 아니라 석탄 저장고입니다. 하이데거에게 이는 '상실'을 의미합니다. 강이 사라졌고 산이 사라졌기 때문입니다.

기술의 이러한 '타락'에 대한 하이데거의 비판에는 분명 귀 기울여 들어야만 할 대목이 있습니다. 그런데 문제는 하이데거가 기술 문명에 대한 이러한 비판을 곧바로 근대 자연과학의 탐구 방법과 결합해 버린 데 있습니다. 물론 이러한 사유의 진행 과정은 매우 자연스러워 보입니다. 근대 자연과학은 우리를 둘러싼 자연에서 우리가 의미를 길어낼 수 있는 색깔을 지워버렸기 때문입니다. 새 봄에 솟아난 싹의 연두색이 간직한 의미는 삶의 경험에 따라 다채롭게 드러납니다. 그러나 자연과학자의 시선에서 보면 그 연두색은 빛의 특정한 파장일 뿐이지요.

이렇게 존재 의미의 상실을 초래했다는 점에서 인문학자들은 자연과학과 기술을 동류로 취급하는 경향이 있습니다. 마침 하이데거는 한 강의에서 "과학은 사유하지 않는다!"라는 유명한 말을 하기에 이릅니다. 물리학은 물리학이 무엇인지에 대해 되묻지 않는다는 것입니다. 그런 물음은 물리학적 물음이 아니라 철학적 물음입니다. 그런 의미에서 과학은 사유하지 않는다는 말이었겠지요. 그런데 이런 비판은 좀 부적절해 보입니다. 인간 사유의 참모습이 오직 근원적 본질을 묻는 물음에만 제한될 이유는 없기 때문입니다.

하이데거는 일상적 표현이나 철학적 개념의 어원을 추적함으로써 존재를 어떻게 사유해야 하는지를 우리에게 보여주려 했습니다. 그의 작업은 말 그대로 우리로 하여금 주어진 것 너머 보이지 않는 것을 보도록 해주는 격려였습니다. 하지만 그의 사유가 이렇게 주어진 것에서 보이지 않는 것을 볼 수 있도록 인도하는 작업인 한, 자연과학이나 기술이 사유하지 않는다는 비판은 자신의 생각을 강조하기 위한 수사적 표현일 뿐입니다. 하이데거가 기술이 사물을 인간의 의도와 목적에 따라 몰아세운다고 비판한 이유는 인간이 그 사물에서 주어진 의미를 넘어 다른 것을 보았기 때문입니다. 강을 강으로 보지 않는 이유는 그 강에서 다른 의미를 보았기 때문입니다. 하지만 그 역시 가능성을 드러내는 한 방식인 셈입니다.

근대 이후의 기술 문명에 비판적이었던 인문학 진영에서 자연과학을 기술과 동류로 생각해버린 이유는 과학이 객관성이라는 이름 아래 사물의 질적 차이를 소거해버리는 전략을 선택한 때문이기도 했지만, 보다 중요한 이유는 과학적 지식의 실험적 검증 방법 때문이기도 했습니다. 인간과 인간 정신에 대한 탐구를 실험실에서 할 수는 없다고 보았던 탓입니다. 인체를 해부하는 일이 오랫동안 터부였던 상황을 생각하면 됩니다. 이렇게 인문학적 탐구와 자연과학적 탐구가 그 방법에 있어 서로 다르다는 생각 때문에 차이가 점점 벌어져온 것입니다.

실험은 과학적 지식의 발전에 있어 가장 중요한 방법론입니다. 경쟁하는 가설 가운데 어느 것이 옳은지를 판결해줄 심판자 구실을 할 수 있기 때문입니다. 1799년 험프리 데이비H. Davy는 진공 상태에서의 마찰 실험을 통해 열이 물질이라는 가설이 거짓이라고 판결을 내렸습니다. 이렇듯 자연과학적 탐구에서 실험은 과학적 지식의 성장을 추동하는 구동축들 중 하나입니다. 그런데 이러한 실험은 보이지 않는 것을 보이게 해주는 과정, 다시 말해 이론이나 가설로 '본' 것을 현실에서 '보이게(확인)' 해주는 과정입니다. 어원적으로도 실험experiment은 경험하도록 해주는 것, 즉 감각적으로 겪어보도록 해준다는 뜻입니다. 그래서 이 과정은 앞선 구분에 따르면 테크네(기예)에 가깝습니다. 자연과학적 탐구에서 이론적 작업과 그 이론적 작업의 결과를 실험으로 검증하는 과정은 '보이지 않는 것을 보려는 과정'과 '본 것을 현실에 구현하려는 과정'이 함께 작동하는 셈입니다. 이 때문에 실험은 공학자가 기술을 개발하는 일이나 예술가가 작품을 만들어내는 일과 동일한 사유 과정을 공유합니다. 현실에서 무엇인가를 고안해내는 일이니까요.

인공지능의 우회로

¶

뭔가를 발견하려는 태도와 그것을 구현하려는 태도 사이의 간극에 대해 보다 자세히 들여다봅시다. 그 대표적 사례가 바로 최근 우리 사회에 뜨거운 이슈가 되고 있는 인공지능Artificial Intelligence 기술입니다. 인공지능 기술은 말 그대로 지능을 기술적으로(인공적으로) 구현해내는 일입니다. 그동안 인공지능 기술은 몇 차례의 고비를 겪었습니다.

1960년대 컴퓨터로 정보를 처리해서 주어진 과제를 해결하는 기술이 발전하면서 인공지능에 대한 관심이 폭발했습니다. 그러나 당시만 하더라도 기술 수준이 초보적이어서 잘 정의가 되어 있거나 잘 정의할 수 있는 문제는 풀 수 있었지만, 계산이 어려운 문제들은 아예 풀지 못하거나 설령 푼다고 하더라도 엄청난 시간이 걸렸습니다. 그런데 사실은 우리가 일상에서 부딪치는 많은 일이 바로 계산이 어려운 복잡한 문제들입니다.

자동차 운전을 예로 들어 보겠습니다. 자동차를 운전하는 일은 엄청난 정보 처리의 과정입니다. 끊임없이 전후좌우의 상황을 판단해야 하고, 그 상황 판단에 맞게 자신의 신체와 자동차를 조종해야 합니다. 자동차 운행 과정에서 발생한 돌발 상황을 판단하여 그에 맞게 자신의 손과 발에 어느 정도 힘을 들여 차를 회전시킬지 브레이크는 어느 정도의 힘으로 밟을지 결정하고, 그 순간에도 시각을 통해 전방 상황을 분별하며 동시에 주변 운행자에게 적절한 정보를 제공하고 귀를 열어 주변의 추가 정보들을 판단하는 등 말 그대로 엄청난 양의 정보를 빠른 시간 안에 처리해야 합니다. 그래서 운전을 처음 배우는 사람은 많은 어려움을 겪습니다. 그러나 일단 운전을 학습하고 나면, 인간은 언제 그 어려운 초보 시절이 있었냐는 듯 그 많은 정보를 거의 자동적으로 즉각 해결합니다.

우리가 일상생활에서 부딪치는 많은 상황이 사실은 이렇게 복잡한 문제인 경우가 많습니다. 때로는 판단을 내리기가 어려울 정도로 정보가 부족한 경우도 있습니다. 그럼에도 우리는 결정을 하고 행동을 합니다. 이렇게 우리가 문제를 해결해내는 방식은 컴퓨터가 일일이 계산을 통해서 모방하기가 쉽지 않습니다. 더군다나 당시 컴퓨터의 정보 처리 능력은 지금과 비교하면 현저하게 떨어졌기 때문에 인공지능에 대한 기대는 쉽게 가라앉고 말았습니다. 그래서 많은 이론가들이 이렇게 말했습니다. "컴퓨터가 인간을 대신해서 문제를 해결한다는 것은 상상 속에서나 가능한 일이다."

하지만 문제 해결 과정이라는 것이 언제나 하나의 경로만 있지는 않지요. 지도 위에서 목적지를 찾아가려고 할 때, 오직 하나의 길만이 있는 경우는 거의 없습니다. 최단 시간에 목적지에 도달하는 것이 제일 좋겠지만 그 경로가 막혔다고 해서 포기할 이유는 없습니다. 시간이 걸리더라도 우회할 수가 있기 때문입니다. 1980년대 들어서 인류는 인공지능 기술과 관련해서 새로운 분기점을 맞이합니다. 이른바 '전문가 시스템expert system'이라고 일컫는 새로운 구현 기법을 찾아낸 것입니다. 어떤 정보가 주어졌을 때 그 정보를 토대로 해서 추론하는 기술은 이미 1세대 인공지능에서 구현되었으므로, 이번에는 문제를 해결하는 데 필요한 관련 정보들을 데이터베이스로 컴퓨터에 미리 구현해놓는 것입니다.

당시를 대표하는 프로그램으로 스탠퍼드 대학교에서 개발한 마이신MYCIN이 있었는데, 이는 환자의 혈액을 검사해서 병을 진단하고 처방을 내리는 판단을 절차화한 프로그램입니다. 의료 현장에서 사용할 수 있는 전문가적 지식을 컴퓨터에 내장하고, 각 단계별로 주어진 물음에 대답해나가면 결과에 도달합니다. 이 전문가 시스템은 다시금 인간의 지적 능력을 컴퓨터가 재현해낼 수 있으리라는 희망에 군불을 땝니다. 하지만 그런 희망도 이내 시들고 마는데, 그 이유는 전문가적 지식을 업데이트하고 지속적으로 관리하는 비용이 만만치 않았을 뿐만 아니라(예를 들면 전문가 사이에 의견이 일치하지 않는 지식을 적용해야 하는 경우처럼), 아주 전문화된 특정 영역에서는 이 시스템이 작동했지만 조금만 애매하고 모호한 상황이 끼어든 문제에서는 그 활용도가 급격히 떨어졌기 때문입니다.

예컨대 의료 현장에서 전문가 시스템을 폭넓게 활용하려면 인공지능이 환자의 자연어를 이해할 수준이 되어야 합니다. 배가 아파서 온 환자가 '배가 아프다'고 말합니다. 인공지능은 배의 어디가 아프냐고 묻습니다. 그러자 환자는 머뭇거리면서 배가 꽉 찬 느낌이고 굉장히 불편한 느낌이라고 대답합니다. 만약 사람 의사라면 이러한 의사소통에서 별 장애를 느끼지 못할 것입니다. 경험 많은 의사라면 단박에 가스제거제나 변비약을 처방할 수도 있습니다. 하지만 '꽉 찬 느낌'과 '굉장히 불편한 느낌'이라는 일상어를 전문가 시스템은 제대로 처리하기가 어렵습니다. 그래서 인공지능의 활용과 관련해서 2차 붐을 일으켰던 전문가 시스템 역시 어려움에 봉착합니다.

그러다가 1990년대 중반부터 디지털 인프라가 확장되면서 사정이 달라집니다. 인터넷을 통해 정보의 생산과 취득 그리고 유통 과정이 광범위하게 공유되고, 데이터 과학에서도 기계 학습에 대한 이론이 빠르게 발전하면서 컴퓨터가 스스로 학습을 할 수 있도록 하는 프로그램들이 개발되기 시작합니다. 이전까지는 인간이 인공지능을 늘 가르쳐야 했는데, 이제 인공지능이 스스로 학습을 할 수 있는 단계까지 가능해진 겁니다. 그리고 마침내 2016년 알파고가 바둑에서 인간을 이깁니다. 바둑처럼 제한된 경우의 수(바둑의 경우 대략 10의 360제곱이라는 천문학적 경우의 수가 있지만)를 따져 매 순간 최적의 선택을 하는 일에서 기계가 인간을 넘어서기 시작한 것입니다. 이제 인공지능이 바둑보다 더 어려운, 예를 들면 '배가 꽉 찬 느낌'이라는 자연어를 이해할 날도 머지않아 보입니다. 10여 년 전만 하더라도 만족스러운 자동 통번역 프로그램이 나오려면 아주 오랜 시간이 걸릴 것이며, 심지어 어떤 이론가들은 거의 불가능하다고 보기도 했는데 말입니다. 이렇게 상황이 반전될 수 있었던 것은 인공지능 기술을 구현하는 사람들이 원하는 목표에 도달하기 위한 우회로를 찾아냈기 때문입니다. 지식과 정보를 기계에 직접 입력하는 대신에 일정 정도의 테스트 자료 입력을 통해 인공지능 스스로가 패턴을 발견하고 계속해서 그것을 다듬어가도록 프로그래밍 하는 기법을 찾아낸 것입니다.

인공지능 기술은 이중적입니다. 한편으로는 인공지능을 통해 인간의 일을 외주화할 수 있지만, 다른 한편으로는 우리 지능이 어떻게 작동하는지를 연구할 수 있습니다. 다시 말해 프로이트를 비롯해서 너무나 많은 사람이 알고 싶어 했던 문제, 인간의 정신은 어떻게 작동하는가를 알기 위해 '인공지능'이라는 모형을 만들어서 그 작동 과정을 들여다보는 것입니다. 만약 인공지능이 결과적으로 인간과 유사하게 판단하고 자연어를 이해한다면, 인공지능에게 부여된 프로그램이 곧 우리 뇌가 사용하는 (진화가 만들어낸) 프로그램과 동일하거나 최소한 유사하다고 생각할 수 있기 때문입니다. 이렇게 발견과 구현의 과정은 이중적으로 서로에게 영향을 주고받습니다.

주어진 것을 넘어 보이지 않는 것을 보려는 순수한 이론적 관심과 자신이 본 것을 어떻게든 현실에 구현하려는 기예는 그 태도에 있어서 분명히 다릅니다. 하지만 그러한 다름에도 불구하고 그 모두는 인간적 사유 양식이라는 점에서는 또한 근원을 함께합니다. 우리가 주목해야 하는 핵심은 이것입니다. 차이는 언제나 동일성을 전제할 때 생산적이라는 점입니다. 순수한 차이는 대립을 의미할 뿐이며, 그에 갇힌 한 대화도 가능하지 않습니다. 오늘날 세련된 지식인들이 신조처럼 믿는 다양성의 존중에서 강조되어야 할 바는 다양성이 그저 순수한 차이가 아니라 동일성에 기초한 차이를 의미한다는 점입니다. 동근원성으로부터 파생된 차이, 그것이 생태계의 풍요로

움이자 생명이 지구상에 뿌리내리게 한 생존 전략으로서 진화의 고갱이입니다. 인간의 삶 그리고 학문에 있어서도 마찬가지입니다.

앞서 말했던 '우회로'를 찾는 전략은 발견의 과정이나 구현의 과정 모두에서 중요합니다. 인공지능 기술도 매 국면에서 고비를 맞이해서 부침을 겪었지만 결국에는 우회로를 찾아냈고 오늘날의 붐을 다시 일으켰습니다. 초음속 비행기 기술 역시 마찬가지입니다. 이론적으로 가능한 것을 현실에 구현할 때 발생하는 많은 문제를 해결하기 위해서, 또 그런 해결을 위한 이론을 발견하는 데 있어서 우회로를 찾는 일의 기저에는 '다르게 봄'이라는 인간의 자유로운 시선 전환이 매개되어 있습니다. 그리고 그것을 우리는 보통 '상상력의 힘'이라고 부릅니다.

8/10

인문학적 상상력 : 부정과 비교

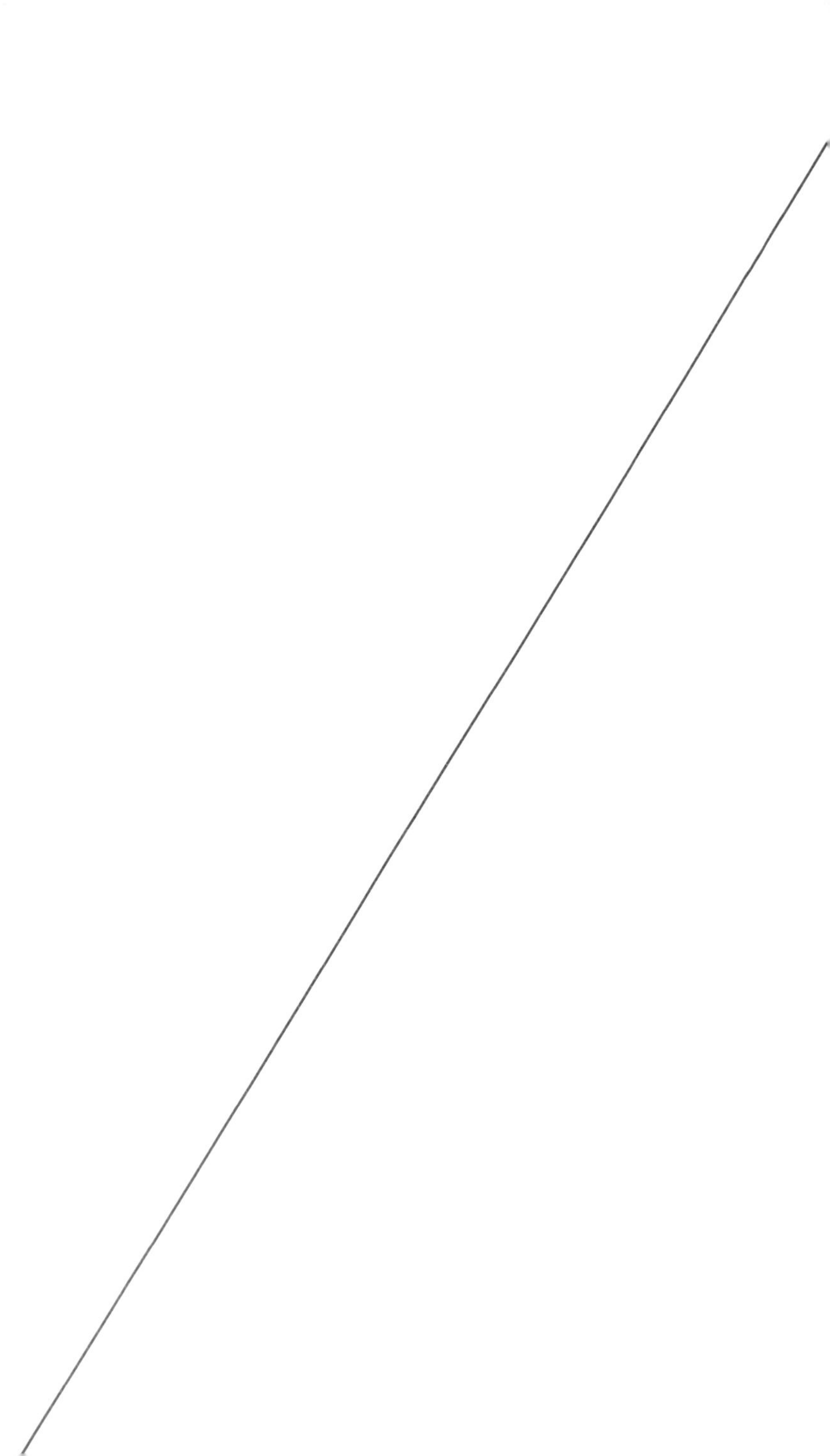

상을 만들어내는 힘

¶

인문학과 상상력이라는 말이 요즘처럼 사이가 좋았던 적이 있었을까 싶습니다. 본래 근대적 의미에서 상상력은 '학문'이라는 말과 잘 어울리는 쌍이 아니었습니다. 왜냐하면 전통적 의미에서 학문은, 특히나 근대 자연과학의 발전과 더불어 진리를 탐구하는 객관적 지식 체계로 여겨졌고, 따라서 상상력은 오히려 오류의 근원으로 간주되었기 때문입니다. 뉴턴이 "나는 가설을 만들어내지 않는다hypothesis non fingo!"라고 말했을 때, 그 가설의 실제적 의미는 경험적으로 입증하거나 수학적으로 증명하기 어려운 주장들을 가리킵니다. 그리고 상상력은 바로 그런 주장들을 만들어내는 원천이라고 간주되었던 것입니다. 아닌 게 아니라 얼핏 생각해도 뭔가에 대해 상상의 나래를 펴는 일은 진리를 인식하는 일과는 거리가 멀어 보입니다.

하지만 오늘날 상상력은 전혀 다른 대접을 받고 있습니다. 무엇보다 문화 콘텐츠 분야나 새로운 분야의 사업을 개척하는 과정에서 남다른 상상력이 커다란 활력을 불어넣고 있기 때문입니다. 신기하고 편리한 어플리케이션을 만드는 일이나 이전에는 존재하지 않던 서비스를 개발하는 일 등에는 모두 상상력이 매개됩니다. 그 바람에 이렇게 산업적 측면만이 아니라 학문적 탐구 주제로서도 상상력이 주목받고 있습니다. 하지만 상상력의 역할이 강조된 것이 최근 일만은 아닙니다. 그것은 우리가 사물을 지각하고 지식을 획득하는 과정에 대해 좀 더 많은 지식을 갖추면서 자연스럽게 이루어진 변화입니다.

18세기 독일의 철학자 칸트를 비롯해서 많은 철학자와 인지심리학자는 상상력을 그저 오류의 뿌리가 아니라 우리가 사물을 지각하고 경험할 수 있게 해주는 인식의 근본 원리라고 간주합니다. 실제로 사물을 지각하는 일은 고도로 복잡한 인지적 과정입니다. 아침에 일어나 창문으로 들이치는 햇살과 함께 창문 너머 펼쳐진 다양한 색깔들이 세상에 실제로 존재하는 색인지를 생각해볼까요. 온갖 화려한 색깔은 우리가 그렇게 느끼는 것일 뿐입니다. 장미꽃이 실제로도 그렇게 붉은지는 알 수 없습니다. 다만 분명한 사실은 우리가 그렇게 본다는 점입니다.

과학자들이 밝혀냈듯 색깔이 빛 파장의 차이라면, 그것은 양적 차이일 뿐입니다. 그 양적 차이를 우리는 화려한 색깔이라는 질적 차이로 바꾸어놓습니다. 이 과정을 곰곰이 생각해보면 우리가 항상 주어진 것을 넘어서려는 경향이 있음을 알 수 있습니다. 자연이 인간을 그렇게 설계했기 때문이기는 하지만 우리는 감각적으로 주어진 것들을 하나로 파악해서 통일된 상을 만들어냅니다. 사물을 입체적으로 파악하는 과정에서도 마찬가지입니다. 우리가 지각하는 것은 사물의 앞면입니다. 하지만 그 사물의 뒷면도 자연스럽게 의식합니다. 우리 의식은 그렇게 항상 주어진 것을 넘어서 나아갑니다. 이를 의식의 지향성이라고 부르기도 합니다. 우리가 어떤 의지를 갖고 그런 행동을 하는 것이 아니라 우리 경험 자체가 그렇게 하도록 설계되어 있습니다. 주어져 있는 것을 넘어서 나아가는 의식의 본성과 가장 밀접하게 연관되어 있는 우리 능력이 바로 상상력입니다.

상상력은 말 그대로 상像, image을 만들어내는 힘입니다. 하지만 이때의 상이란 그저 시각적 이미지만이 아니라 어떤 대상을 하나의 대상으로서 주목할 수 있게 만들어주는 통일적인 그 무엇입니다. 따라서 말 그대로 멋대로 상상하는 일만이 아니라 우리의 난삽한 감각들을 통일된 대상으로 만들어내는 힘 또한 상상력입니다. 그런데 재미있는 점은 이러한 상상력이 때로는 없는 것을 만들어내기도 한다는 겁니다. 결국 상상력에는 두 가지가 있습니다. 하나는 우리에게 주어진 것들을 하나의 상으로 만들어내는 것, 그리고 다른 하나는 그런 것들을 조합해서 주어지지 않은 것을 상으로 만들어내는 것. 이 두 가지는 물론 하나의 뿌리에서 비롯한 서로 다른 줄기와 같습니다.

예를 들어 무엇인가를 지각하는 과정은 우리에게 너무나 즉각적이고 자연스럽게 일어나지만, 사실 그것은 꽤 오랜 시간 반복된 경험과 연습을 통해 숙련된 결과입니다. 선천적으로 청각에 문제가 있던 사람이 첨단 기술을 통해 들을 수 있게 되었다고 해서 곧바로 세상의 소리를 들을 수 있는 건 아닙니다. 자신에게 들려오는 온갖 소리들 중에서 어떤 소리에 귀를 기울여야 하는지를 훈련해야만 합니다. 독자가 지금 이 글을 읽는 순간에도 귀에는 온갖 종류의 소리가 들어옵니다. 그러나 그중에 귀 기울여 듣는 소리는 일부에 지나지 않습니다. 시각의 경우에도 사정이 다르지는 않습니다. 지각은 이렇게 선택적입니다. 이렇게 선택적이라는 사실 자체가 우리가 지각을 하면서 만들어내는 상이 그때그때 조건에 따라 달라질 수 있음을 보여줍니다. 이렇게 우리가 경험하면서 상을 만들어낼 수 있는 능력이 발달하면, 주어진 것을 넘어 주어지지 않은 것의 상을 만들어내는 작업을 할 수 있습니다.

부정성의 사유

¶

오늘날 상상력이 중요하게 평가받는 이유 중 하나는 창의적 해결책이 필요한 문제 상황이 많아졌기 때문입니다. 앞서 말한 표현을 그대로 사용한다면 복잡한 문제를 해결할 수 있는 우회로(창의적 대안)를 찾아내는 능력이 중요해진 거죠. 상상력이 풍부하다는 것은 사물을 달리 보고, 문제를 다르게 규정할 수 있는 힘이 있음을 뜻합니다. 구현의 과정에서 강조했듯이 현실적이고 객관적인 조건들의 중요성을 소홀하게 생각해서는 안 됩니다. 그러나 그것만이 전부라는 '신앙'도 문제입니다. 객관적 조건 혹은 사실만 숭배하다보면 다르게 볼 수 있는 여지가 사라지기 때문입니다. 물론 이것도 중요하고 저것도 중요하다는 식의 모호한 상황이어서 답답한 점도 있지만 인간의 현실이 그렇습니다. 현실에서 적도를 찾는 방법이 쉽지 않은 것은 바로 그 모호함 때문입니다. 그러나 그 모호함은 우리가 우회로를 발견하는 상상력이 작동하고, 인간의 자유가 숨 쉬는 공간이기도 합니다. 인간은 현실에 딱 달라붙어 옴짝달싹 못하는 존재가 아니라 한 걸음 물러나서 반성적 사유를 할 수 있는 존재이기 때문입니다.

흔히 인문적 사유 방식으로 거론되는 반성적 사유의 특징은 그 뿌리가 부정성에 있다는 점입니다. 주어진 현실을 있는 그대로 받아들이기보다 달리 생각해보는 것, 그렇게 할 수 있기 위해서는 우리를 붙잡고 있는 현실의 타당성을 부정해볼 수 있어야 합니다. 마치 플라톤이 감각의 족쇄를 풀기 위해 감각의 타당성을 부정했던 것과 같습니다. 물론 이 부정성은 현실을 다르게 구성하는 상상력의 기반이기도 합니다.

지금 읽고 있는 책이 갑자기 나에게 말을 걸어오는 경우를 상상해봅니다. 침침해진 눈앞으로 글자들이 튀어 오르며 귀에서는 종알종알 뭐라고 떠드는 소리가 들립니다. 이러한 일련의 상상은 내 눈앞에 있는 책의 현실성으로부터 벗어나는 일이며, 그런 한에서 주어진 현실을 부정하는 것입니다. 이러한 부정성의 능력은 적어도 아직까지는 인간에게만 허락된 지적 능력처럼 보입니다. 우리는 내 눈앞에 있는 것을 없는 듯이 생각할 수 있지만 내 옆의 고양이는 결코 그렇게 하지 못합니다. 그것은 인공지능도 마찬가지입니다.

흔히 경험하는 일이지만 어린 시절 아이들은 유독 어른에 비해 상상력이 풍부합니다. 어른들은 상상력을 잃어버리는 것이 아닙니다. 다만 주어진 현실의 강력함을 경험하면서 현실을 부정하는 일이 별반 의미 없다는 사실을 지속적으로 학습하기 때문에 상상의 힘을 억누를 뿐입니다. 어른으로 성숙해가면서 어린 시절의 상상력을 잠재우는 반면, 대신 새로운 감각에 예민해집니다. 바로 규범에 대한 감각입니다. 상상력이 현실을 부정할 수 있는 지적인 힘과 관련이 있듯이 규범적 행동 역시 인간 지성이 지닌 현실을 부정하는 힘과 관련이 있습니다. 하고 싶은 일을 안 해야 하거나 하기 싫은 일을 해야 하기 때문입니다. 그래서 이 부정성의 능력은 인간의 자유, 혹은 윤리적 행동의 기본 조건이기도 합니다. 본능의 유혹과 명령을 거절할 수 있는 능력이기 때문입니다.

현실을 부정할 수 있는 지적 능력이 이렇게 중요함에도 불구하고 우리는 부정적 사유에 대해 일반적으로 부정적 선입견을 갖고 있습니다. 그것은 '부정성'을 '염세적이고 비관적'인 태도와 비슷하게 생각하기 때문입니다. 부정적으로 사유하는 것 그리고 모든 일을 비관적으로 보는 것은 비슷하기는 하지만 그 태도에 있어서는 큰 차이가 있습니다. 부정적 사유는 근거를 잘 따져보자는 태도여서 내용적으로 보면 개방적인 데 반해, 비관적 시각은 미래의 가능성을 지나치게 한쪽 방향으로만 생각하는 것이어서 사실상

폐쇄적인 태도입니다. 너무나도 빤한 현실을 부정해보는 일이 근거를 따져보는 태도라고 여기는 까닭은, 때로 우리가 당연하게 생각하는 일들이 반드시 '어쩔 수 없거나' '필연적인' 것은 아닐 수 있기 때문입니다.

좀 과장된 예를 들어 '죽음'에 관해 생각해보겠습니다. 인간에게는 너무나 당연한 이야기니까요. 인간이라면 아니 생명이라면 죽음의 문제를 피할 수 없을 것입니다. 그러나 인간의 이러한 죽음이 정말 필연적일까요? 죽지 않는 인간은 불가능할까요? 죽음의 문제를 어쩔 수 없거나 달리 생각할 수 없는 지극히 당연한 것으로 받아들이고 말면, 말 그대로 다른 가능성은 생각해볼 도리가 없습니다. 하지만 따지고 보면 우리가 하늘을 나는 일도 마찬가지였습니다. 지상의 인간이 하늘을 나는 일은 애초에 불가능합니다. 그렇다고 필연적인 것도 아닙니다. 따라서 우리는 우회로를 발견했고, 마침내 도구의 힘을 빌려 하늘을 날 수 있게 되었습니다. 죽음의 문제에 대해서도 다른 우회로를 발견할 수 있지는 않을까요? 최근 트랜스휴머니즘을 주장하는 사람들은 조만간 인간이 죽음에 대해 완전히 다르게 생각할 수 있으리라고 예상합니다. 장애, 고통, 질병, 노화, 죽음처럼 절대적으로 여겨온 인간의 조건을 과학과 기술이 바꿀 수 있다고 믿는 것입니다. 인간 사유의 부정성은 비관적으로 생각한다는 뜻이 아니라, 이처럼 우리에게 현실 조건으로 주어진 것들의 근거를 다시 묻는 태도를 가리킵니다.

독일의 철학자 에드문트 후설E. Husserl 에 따르면 우리는 세계 전체를 존재하지 않는 양 생각할 수도 있습니다. 그가 '판단중지epoche'라고 부른 의식의 작용은 세계의 존재 타당성을 잠시 정지하는 것입니다. 이러한 부정성의 능력은 우리 의식을 주어진 현실이라는 족쇄로부터 해방할 수 있습니다. 물론 실제 세계가 사라지는 것은 아닙니다. 다만 특정한 형태로 고정된 현재 대상의 의미로부터 벗어나 새로운 의미를 읽어낼 수 있게 해주는 것입니다. 그런 의미에서 부정성의 능력은 가능성의 세계를 열어젖히는 우리 의식의 힘입니다. 바로 이 점이 중요합니다. 사물을 새로운 시선에서 보기 위해서는 우리를 옥죄는 관념의 굴레로부터 벗어날 수 있어야 합니다. 따라서 이러한 부정성은 우리에게 일종의 해방 혹은 자유를 의미하기도 합니다. 인문학적 상상력이란 바로 이러한 부정성으로부터 오는 자유에 대한 감각입니다.

다른 맥락, 다른 접근

¶

현실로부터 벗어나 그 현실의 이면을 보려면 우선 다른 가능성의 세계를 열 수 있어야 합니다. 프로이트는 자신을 찾아온 환자들 꿈에서 그들의 감추고 싶은 욕망이 어떻게 다른 상징으로 치환되는지를 보았습니다. 아름답거나 우울한 시어와 은유를 통해 시인이 바라본 현실을 표현해낸 시를 읽듯이 꿈을 읽어낸 셈입니다. 웬만해서는 무엇을 말하는지 이해하기 어려운 미로J. Miró의 〈1968년 5월〉은 형태를 해체해버린 선들과 분출하는 색채로 가득한 작품입니다. 하지만 시간을 뛰어넘어 1968년이라는 시대의 정서를 공유한 사람들은 그 난해한 그림의 의미를 이해합니다. 역시 시인의 감성에 공감하는 사람들이 시인의 언어를 통해 마음이 움직이는 것과 마찬가지입니다. 주어진 현실을 있는 그대로 묘사하는 것이 세계를 드러내는 하나의 방식이라면, 상징적 변형과 치환을 통해 현실을 묘사하는 것 또한 하나의 방법일 터입니다. 이 새로운 방식을 통해 우리는 동일한 현실에서 또 다른 의미를 읽어낼 수 있습니다.

우리가 사용하는 일상 언어는 대부분 오랜 시간 누적된 역사와 문화를 담은 하나의 틀입니다. 그래서 그 언어를 사용하는 순간 누적된 역사의 시선으로 세계를 보게 됩니다. 그러나 현실은 정지해 있는 대상이 아닙니다. 끊임없이 다른 맥락들 속에서, 또 서로 다른 시선들 속에서 흐르고 부딪칩니다. 그래서 동일한 현실임에도 서로 다른 의미를 갖는 상황이 어쩔 수 없이 생겨납니다. 이렇게 서로 다르게 드러나는 현실의 의미를 그 다름에 비례하도록 표현하기 위해 요구되는 것이 바로 상상력입니다.

앞서 이야기했듯 인문학과 자연과학이 한 뿌리에서 비롯했다면, 분명 같은 사유 방식이 작동할 것입니다. 물론 자연과학의 언어가 시인의 언어나 화가의 표현 방식과 동일할 수는 없습니다. 그러나 원리적으로 주어진 현실 너머를 보기 위해 피상적 경험을 넘어서려는 경향은 동일합니다. 시인의 언어와 자연과학의 언어가 다른 부분은 발견의 측면에서가 아니라 구현의 측면에서 그러합니다. 시인은 새로이 발견한 의미를 자신의 문학적 감성에 맞춰 다양한 어휘로 표현할 자유가 있습니다. 반면 자연과학의 경우는 새로 발견한 사실을 표현하기 위해 누구나 정확하게 인식할 수 있는 언어를 사용해야만 합니다. 자연과학자들은 이 특별한 요건 때문에 가급적이면 수학적 언어를 사용하려는 것입니다.

이렇듯 시인의 자유로운 언어와 자연과학자의 정확한 언어 사용은 분명 차이가 있습니다. 그 차이가 하나를 과학이라고 또 다른 하나는 예술이라고 부르는 구분의 이유가 됩니다. 하지만 발견한 것을 현실에 드러내는 표현 방식의 차이를 잠시 접어두면, 자연과학에서도 현실의 고정관념 너머 그 이면을 보려는 상상력이 작동하는 방식을 확인할 수 있습니다.

질병과 세균 사이의 관계에 대해 아직 충분한 연구가 없었던 19세기 초반, 산욕열産褥熱, childbed fever에 대한 제멜바이스I. Semmelweis의 연구는 과학적 탐구 과정이 어떤 방식으로 이뤄지는지를 잘 보여줍니다. 헝가리 출신의 제멜바이스는 당시 비엔나 종합병원에서 이 연구를 진행했습니다. 당시 병원에는 두 산부인과 병동이 있었는데, 유독 1병동에서 산욕열로 인한 희생자가 많았습니다. 이 수수께끼를 풀기 위해 많은 사람이 이런저런 해법을 내놓았지만 희생자 수를 줄이지는 못했습니다. 제멜바이스조차도 1병동 산모들이 주로 똑바로 누워 있는 데 반해 2병동 산모들은 옆으로 눕혀 있다는 차이를 발견하고는, 1병동 산모들에게 가급적이면 옆으로 눕도록 지침을 내리기까지 했으나 역시나 효과는 없었습니다.

그러던 중 1847년 병원에서 일하는 한 동료의 사망 사건을 계기로 제멜바이스는 문제 해결의 실마리를 찾게 됩니다. 그 동료는 시체를 해부하던 한 학생의 메스에 손을 벤 뒤 며칠을 고열에 시달리며 고통을 겪다가 사망했습니다. 제멜바이스는 그때 그 동료의 징후가 산욕열 환자의 일반적 증상과 거의 같다는 점을 발견했습니다. 게다가 1병동에서는 늘 해부학 실습이 있고 그런 실습을 하던 사람들이 산모를 진찰하거나 출산을 도와주기 위해 투입되지만, 2병동에는 해부학 실습이 없다는 점도 발견한 것입니다. 간단히 말해 시체 해부를 하면서 의사나 조산원이 감염되고 그렇게 감염된 손으로 산모의 출산 과정에 개입한 일이 유독 산욕열 희생자가 많이 발생한 원인이었던 것입니다. 출산 과정에 투입되는 모든 인원의 손을 철저하게 소독하도록 조치하자, 실제로 1병동의 산욕열 희생자는 감소합니다.

원인을 추정하는 일이란 피상적으로 보이는 여러 사실의 이면에 있지만 보이지 않는 것을 찾아내는 과정입니다. 제멜바이스는 파상풍이 원인이 되어 패혈증으로 사망한 동료와 다른 산욕열 환자의 증상이 유사하다는 점에 착안했습니다. 파상풍과 그에 따른 패혈증으로 사망하는 사건은 이전에도 여러 번 있었을 것입니다. 하지만 남자가 그렇게 사망하는 일과 여성인 산모가 산욕열의 희생자가 되는 일 사이의 공통점에 주목한 사람은 없었던 것입니다. 공통의 원인을 발견하기 위해 제멜바이스는 가장 먼저, 안타깝게 사망한 동료와 산욕열을 앓는 환자를 비교하고 유사성을 발견해냈습니다. 그것은 앞서 그들 사이의 온갖 차이를 부정하는 작용, 다시 말해 현실의 여러 조건들을 무시하는 과정을 통해 가능했습니다. 이러한 무시는 보이지 않는 것을 보려는 상상력이 작동하기 위해 필요한 부정적 사유 과정의 한 형태입니다.

자유를 두려워 말라

¶

오늘날 과학적 상식을 갖춘 사람이라면 공간이 휘어져 있다는 말을 이해하는 데 별로 어려움이 없을 것입니다. 하지만 비어 있는 공간이 휘어져 있다는 말을 이해하기는 그리 쉬운 일이 아닙니다. 사물이 없는 빈 공간이 휘었다는 것이 시각적으로 잘 그려지지 않기 때문입니다. 그러니 이러한 해석이 처음 나왔을 때 사람들 반응은 지구가 평평하다고 믿는 사람들에게 지구가 둥글다고 이야기하는 상황과 비슷했을 것입니다. 둥근 지구의 아래편에 사람들이 거꾸로 서 있는 모습을 상상하기 어려웠을 테니까요. 감각적 경험은 우리를 매우 단단하게 붙잡고 있는 끈입니다. 그래서 그 끈으로부터 벗어나기도 쉽지 않습니다. 우리가 상식이라고 부르는 것도 마찬가지입니다. 콜럼버스의 계란 세우기 이야기처럼, 어떤 틀로 사물을 보는 데 익숙해졌을 때 그것을 부정하기란 쉬운 일이 아닙니다.

공간이 휘었다는 생각을 가능하도록 이끈 비유클리드 기하학은 18세기 이탈리아의 수학자 사케리 G. Saccheri가 삼각형의 합은 180도라는 생각을 부정해본 데에서 시작합니다. 흔히 평행선 공리라고 부르는 유클리드 기하학의 다섯 번째 공준이 유독 복잡해 보였던 탓에 그것을 증명하고자 사케리는 평행선 공리와 모순되는 가정들을 세우고 모순을 이끌어냄으로써 평행선 공리의 타당성을 입증하려고 합니다. 그런데 공교롭게도 그는 모순을 찾아낼 수 없었습니다. 결국 사케리는 그 작업을 포기하고 말았지만, 그 이후 수학자들이 2,000년 동안 진리의 가장 전형적 체계라고 믿어왔던 유클리드 기하학과는 다른 새로운 기하학(비유클리드 기하학)을 찾아내기에 이릅니다. 그리고 아인슈타인은 비유클리드 기하학을 활용하여 자신의 상대성 이론을 전개할 수 있었고 공간이 휠 수 있다는 생각도 가능해졌던 것입니다. 만약 사케리가 평행선 공리를 부정해보지 않았다면, 비유클리드 기하학이 세상에 나오기 위해서는 더 오랜 시간이 걸렸을 것입니다.

근대 사상의 문을 연 철학자 데카르트가 시도했던 철학적 방법 역시 부정해보는 일이었습니다. 코페르니쿠스가 새로운 세계관을 제안하고, 갈릴레이가 새로운 과학의 문을 열어젖힌 것도 역시 오랜 전통을 부정해봄으로써 가능했습니다. 당연해 보이는 것을 당연하지 않다고 의심하고 부정해보는 것은 인문학적 사유의 가장 전형적인 방법입니다. 물론 이러한 부정은 시작을 의미할 뿐입니다. 그저 부정하기만 한다면 아무것도 발견할 수 없습니다. 그러나 친숙한 것 혹은 당연한 것을 부정해보는 일은 새로운 시선과 새로운 발견으로 이어지기 위한 선행 조건입니다. 때문에 보이지 않는 것을 보려는 인간의 사유가 가능하기 위한 조건 역시 이 부정성에 의지합니다.

흔히 자유를 두 부류로 설명합니다. 하나는 소극적 자유이고 다른 하나는 적극적 자유입니다. 소극적 자유는 속박이나 구속으로부터 벗어나는 것이고, 적극적 자유는 자신이 원하는 바를 이루려는 것입니다. 속박이나 구속으로부터 벗어나는 일은 부정성에서 시작합니다. 플라톤이나 뉴턴 그리고 프로이트 역시 자신의 눈앞에 펼쳐진 현실의 이면을 보기 위해서 현실이라는 속박으로부터 벗어나는 데서 출발했습니다. 보이지 않는 것을 보기 위해 현실을 부정해보는 일, 당연해 보이는 대상의 타당성을 의심해보는 일은 일종의 입문 의식과도 같습니다. 플라톤은 이를 카타르시스에 비교한 적이 있습니다. 새로운 눈을 갖기 위해 정화하는 통과의례가 필요하다는 것입니다.

다만 인문학적 사유의 중요한 특성을 이렇게 부정성으로 이해할 때 주의해야 할 점은 그러한 사유 과정이 일종의 훈련이라는 사실입니다. 이는 단박에 얻어지는 지적 역량이 아니라 부단한 연습을 통해서 익숙해지는 사유 양식입니다. 통념과 상식으로 이루어진 고정관념은 우리로 하여금 깊이 생각해야 하는 노고를 덜어줍니다. 그 때문에 그런 고정관념에 우리 생각을 맡겨버리고 싶은 안락한 유혹에 빠지는 것입니다.

결정 장애를 겪는 사람에게 선택의 자유는 커다란 짐입니다. 마찬가지로 부정할 수 있는 힘, 인문학적 사유는 생각하기 귀찮아하는 사람에게는 번거로운 일일 뿐입니다. 그래서 통념과 상식의 고정관념에게 귀찮은 일을 내맡기려는 유혹에 빠지곤 합니다.

디지털 기술 분야의 유력 인사인 데이비드 카D. Carr는 인터넷에 의존하는 습관이 우리를 생각하지 않도록 만들며 결과적으로 뇌의 신경 상태마저도 바꿀 수 있다고 우려한 적이 있습니다. 데이터 마이닝이나 기계학습을 통해 마치 기계가 생각하는 것처럼 보이게 만드는 기술이 발전하고 있습니다. 마치 인간이 주어진 정보를 바탕으로 판단하듯이 기계도 방대한 양의 정보를 처리함으로써 결론을 낼 수 있다고 보는 것입니다. 여행지에 가서 어떤 식당을 가야할지 잘 모를 때, 스마트폰에 내장된 비서는 좋은 식당을 추천해줍니다. 수많은 사람이 매겨둔 별점 값을 알려주는 것입니다. 고민하지 않아도 되니 편합니다. 하지만 이러한 습관은 스스로 생각하는 일 자체를 귀찮아하도록 만드는 부작용이 따릅니다.

보르헤스의 우화 속에 나오는 지도는 사실 문자의 영향력에 버금갈 정도로 인간의 사유를 혁신한 대표적 도구입니다. 지도는 보이지 않는 곳, 가보지 않은 곳을 볼 수 있게 해주는 가장 강력한 도구였습니다. 지도를 읽는다는 것은 일어나지 않은 사건을 시뮬레이션 해보는 연습입니다. 그 과정에서 우리는 수많은 상황 판단을 거칩니다. 그런데 요즘은 내비게이션이 그 일을 떠맡아줍니다. 주변 환경을 보며 상황 판단을 하는 것이 아니라 내비게이션이 말해주는 대로 움직입니다. 그런 내비게이션이 가치 있는 경우는 우리가 지도 위를 헤매는 시간을 절약한 대가로 뭔가 다른 의미 있는 일을 할 때뿐입니다. 길 찾는 일을 내비게이션에 맡기고 난 뒤 과연 우리는 무슨 일을 할까요? 만약 또 다른 뭔가 가치 있는 일을 하지 않은 채 그저 내비게이션에 의지한다면, 그 시간에 우리가 지닌 중요한 능력 하나를 퇴화시키는 중이라고밖에 말할 수 없을 것입니다.

마찬가지로 내 삶의 내비게이션을 생각해볼 수 있습니다. 누군가 나에게 정해진 경로를 따라 살아야 하는 표준화된 삶의 양식 내지는 인생 항로를 지정해주고 내가 그 명령에 복종한다면, 물론 그런 삶이 주는 안락함이 있겠지요. 대신에 그것이 과연 내가 선택한 삶인지는 의심스러울 것입니다. 내 삶이 진정으로 내 것이기 위해 지불해야 하는 대가는 자유라는 번거로운 짐, 스스로 생각하고 결정하고 책임져야 하는 결코 가볍지 않은 짐입니다. 칸트는 «계몽이란 무엇인가»에서 계몽을 "미성년의 상태로부터 벗어나는 것"이라고 규정합니다. 그리고 미성년이 성년이 되는 일은 나이의 문제가 아니라 스스로 생각할 수 있는가 여부라고 말합니다. 그래서 이렇게 제안합니다. "사페레 아우데sapere aude!" 두려워하지 말고 생각하라는 뜻입니다. 생각하기를 멈추는 순간 우리는 늘 후견인의 판단에 의지해야 하는 미성년의 상태로 머물고 맙니다. 그리고 어쩌면 지금 우리는 칸트의 걱정처럼 스마트한 미디어의 판단에 의지해야만 하는 상황에 점점 빠져들고 있는지도 모릅니다.

입체적으로 사고하기

¶

우리 사유가 지닌 부정성의 역량은 간단히 말해 가능성의 공간을 열어젖히는 힘입니다. 부정적 사유에 익숙해지면 사물을 입체적 시선으로 보기가 좀 더 쉬워집니다. 달리 말하면 사물을 바라보는 우리의 통념적 사고 틀이 약해지면서 다른 시선에서 볼 수 있게 되는 것입니다. 이는 흔히 말하는 창의적 사고의 조건이기도 합니다. 사물을 입체적 시선에서 본다는 의미는 하나의 사물이나 사태를 그것이 처한 맥락으로부터 들어내어 다른 맥락 속에 집어넣어 보는 것입니다.

우리가 일상에서 부딪치는 모든 문제에는 접근 가능한 다양한 경로가 있게 마련입니다. 사회가 발전하면 사회를 이루는 구성원의 다양성이 늘어나고 그에 따라 계층이나 지배 질서 같은 사회 구조도 복잡해집니다. 게다가 정보 교류의 양과 속도에 비례해서 복잡성도 증폭합니다. 이렇게 사회의 복잡성이 증가하면 증가할수록 주어진 문제에 접근하는 경로들도 복잡해집니다.

간단한 예를 생각해봅시다. 하나의 직업에 오직 하나의 문제만을 할당하고, 서로 다른 직업 간에도 생기는 문제들이 있다고 가정해보죠. 직업이 셋일 경우 각 직업의 고유한 문제가 있고, 세 직업 상호 간에 발생하는 문제가 있을 것입니다. 그렇게 구성되는 문제의 수는 총 일곱 가지입니다. 1960년대 대한민국의 직업 개수는 대략 1,000여 개였습니다. 그렇다면 $2^{1000}-1$가지 문제가 생겨납니다. 이 숫자만 해도 이미 천문학적입니다. 그런데 오늘날 웬만한 나라의 직업 개수는 1만 5,000개가 넘습니다. 우리나라도 예외는 아닙니다. 직업이 더 고도로 세분화된 나라의 경우에는 이미 2만 5,000개가 넘습니다. $2^{25000}-1$개의 문제 공간이 만들어지는 것입니다.

이렇게 복잡한 공간 속에서 다양한 문제가 생겨난다고 할 때, 그 문제마다 접근할 수 있는 경로가 얼마나 복잡할지는 상상을 넘어섭니다. 물론 이런 천문학적 숫자에 놀랄 필요는 없습니다. 중복된 문제의 숫자 또한 엄청나기 때문에, 다시 말해 비슷한 유형의 문제가 워낙 많기 때문에 실제로 우리가 겪는 문제들은 비교적 제한되어 있습니다. 그럼에도 분명한 것은 과거에 비해, 특히나 정보의 생산과 교류가 과거와는 비교할 수도 없을 정도로 늘어난 오늘날 우리가 얼마나 복잡한 사회를 살고 있는가 하는 점입니다. 이해관계가 복잡한 상황에서 문제를 해결하기가 어려운 이유는 하나의 행동이 그와 별 관련 없어 보이는 다른 영역에 변화를 초래하는 효과 때문입니다. 고도로 연결되어 있는 네트워크 사회의 특성이기도 합니다. 흔히 나비효과라고 부르는 일들입니다.

하나의 문제는 온갖 의미 공간들이 교차하는 모래시계의 허리 같은 구실을 합니다. 만약 우리에게 주어진 어떤 문제를 온전하게 이해하고자 한다면, 그 문제를 둘러싸고 있는 의미 공간들을 가로지를 수 있어야 할 것입니다. 입체적 시선이 필요하다는 말은 바로 그런 의미입니다. 물론 그런 시선을 갖기란 쉽지 않은 일입니다. 다양한 영역에서 통용되고 있는 지식을 많이 알아야 할 테니까요.

그런데 그보다 더 중요한 것은 태도입니다. 지식의 유무로만 따지면 쉬지 않고 지식을 검색해 저장함으로써 그것을 활용하는 인공지능이 그 무엇보다도 유리할 것입니다. 하지만 다행인지 아직까지 인공지능은 '주인'의 요구에 따라 검색된 지식을 학습하고 적용하기만 할 뿐, 스스로 다른 관점에서 문제를 정의하지는 않습니다. 우리가 정말 나 자신의 주인이 되기 위해서는 이렇듯 당연하다고 여겨온 것들을 의심해보는 태도를 잃지 말아야 합니다. 그래야 주어진 현실을 부정하고 입체적으로 사고할 수 있는 지적 역량, 즉 상상력의 근육을 키울 수 있기 때문입니다.

9/10

공학적 합리성 : 실증과 절차

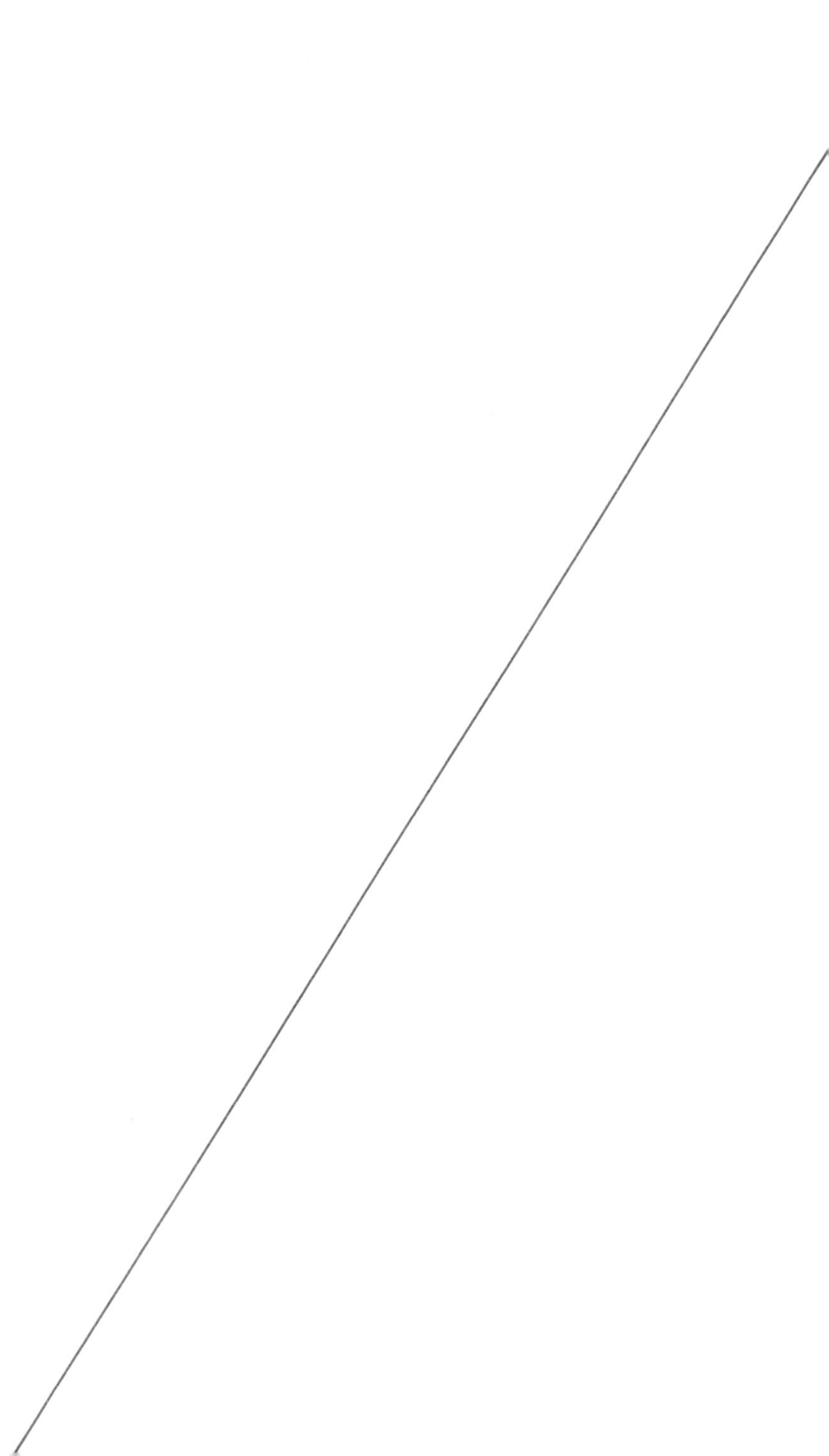

어떻게 보이도록 할까

¶

인간의 사유에서 부정성이 지닌 역할에 관해 이야기했으니, 균형을 맞추려면 그 반대 이야기도 필요할 듯합니다. 반대라면 긍정적 사유라고 할 수도 있겠으나 좀 더 정확히는 실증적positive 사유입니다. 앞서 부정적 사유에 대한 부정적 선입견과 마찬가지로 우리 일상적 어감에서 긍정적 사유는 낙관적으로 세상을 보는 태도를 뜻하곤 합니다. 세상을 낙관적으로 본다면 물론 행복한 일이겠지만, 이제부터 하려는 이야기가 모든 것을 낙관적으로 보자는 의미는 아닙니다. 오히려 특별한 근거도 없이 그저 낙관적으로 보려는 태도와는 정반대라고 할 수도 있습니다. 그것은 우리가 발견한 것을 현실에 제대로 구현해내기 위해서 현실의 실제 조건을 면밀히 분석하려는 태도, 다시 말해 주어진 것에 충실한 태도, 그런 의미에서 현실의 타당성을 문제시하는 부정적 사유와는 정반대의 태도, 즉 실증적 사유입니다.

요즘에야 상상력 풍부한 것이 큰 장점이지만 예전에는 상상력이 풍부한 사람을 보고 몽상가나 혹은 공상가라고 부를 때도 있었습니다. 때때로 그 말의 실제 의미는 조롱일 경우도 많았고요. 현실적 조건을 고려하지 않는 탓에 현실 감각이 떨어지는 사람이라는 뜻으로 사용했기 때문입니다.

현실을 무작정 받아들이기만 하는 무비판적 태도도 문제지만, 그 반대로 현실적 조건을 제대로 고려하지 못하는 것도 문제입니다. 인간 지성의 부정적 사유 능력이 현실적 조건의 타당성을 정지시킬 수도 있는 힘이라고는 하지만, 생각만으로는 현실이 바뀌지 않기 때문입니다. 현실을 바꾸려면 여전히 우리는 물리적 조건에 변화를 주어야 합니다. 플라톤이 겪어야 했던 비극을 우리도 겪지 않으려면 현실의 조건들에 관심을 가져야만 합니다. 머릿속 세계의 이상적 조건과 현실 세계의 실질적 조건 사이에는 커다란 간극이 있습니다. 그 간극의 차이를 예민하게 인식하는 것 또한 우리에게 필요한 중요한 능력입니다. 이런 사정은 일상에서만 그런 것이 아닙니다. 학문적 탐구에 있어서도 마찬가지입니다.

아인슈타인이 중력 효과에 의해 공간이 휘어질 수 있다고 예측했을 때, 그것을 실험적으로 입증하기 위한 여러 시도들이 얼마나 우여곡절을 겪었는지는 잘 알려져 있는 일입니다. 공간이 휘어진다는 사실은 빛이 휘어지는 현상으로 설명될 수 있을 것이며, 따라서 일식 때 입증될 수 있을 거라는 예측이 나왔습니다. 결국 아인슈타인의 이론을 검증하려던 사람들은 일식이 일어날 때를 기다려야 했습니다. 마침내 때가 왔지만 당시는 1차 세계대전 중이었고, 관측자들이 군인에게 끌려가는 웃지 못할 사건도 일어납니다. 에딩턴A. Eddington의 관측은 오차 때문에 많은 사람의 구설수에 오르기도 했습니다.

자연과학 연구는 설명적 이론을 세우는 과정, 다시 말해 발견하는 과정만이 아니라 그렇게 발견된 것을 실험적으로 입증하는 과정이 필요합니다. 근대 과학의 실증성은 이런 실험을 통해 잘 드러납니다. 실제로 이론이나 가설을 통해 어떤 현상을 설명하는 일을 근대 과학만의 업적이라고 말할 수는 없습니다. 그것은 전 세계에 퍼져 있는 온갖 창조 신화부터 고대 철학에 이르기까지 있어온 일이었습니다. 아리스토텔레스가 나중에 형이상학이라 이름 붙은 탐구에서 밝히고자 한 것은 세상 만물의 존재와 운동을 설명할 수 있는 이론이었습니다. 그 이후 많은 학자들 역시 아리스토텔레스처럼 세상의 변화를 설명하고자 하는 여러 이론과 해석을 내놓습니다.

하지만 근대 과학의 문을 열었던 갈릴레이는 기존 아리스토텔레스 철학을 거부하고 새로운 시선으로 세상을 보자고 제안합니다. 그 새롭게 보는 방법 중 하나가 바로 관찰과 실험입니다. 비록 갈릴레이가 발견한 수학적 세계관의 영광에 그의 실증적 정신이 가려 있지만, 그가 망원경을 직접 만들어 달의 표면을 보았다는 사실은 실험적 입증이 무엇을 의도하는지를 보여주는 사건입니다.

머릿속에 그려진 세계는 현실 세계가 아닙니다. 사물의 기원을 설명하는 온갖 신화나 철학적 이론은 오직 가능성의 세계일 뿐입니다. 적어도 이런 관점에서는 수학적으로 그려진 세계 또한 마찬가지입니다. 그런 가능한 세계들은 일종의 경쟁 상태에 있습니다. 세계를 설명하는 모델들 중 하나로서 말입니다. 그런 경쟁하는 모델 가운데 어느 것이 좀 더 좋은가를 판단하는 방법은 여러 가지가 있을 것입니다. 논리적으로 정합적인지를 확인하는 것도 한 방법이고, 그 설명적 가설이 현실 세계를 얼마나 잘 설명해주는지를 보는 것도 한 방법일 것입니다. 중세 시대 후기로 들어서면서 연금술사들이 귀족이나 왕족 앞에 황금을 만드는 방법을 시연해 보였던 일도 마찬가지입니다. 그들의 가설이 옳음을 입증해주는 시연은 그 어떤 화려하고 정치한 논변보다도 강력한 힘을 지니기 때문입니다. 그것이 바로 실증성의 힘입니다.

갈릴레이의 조수였던 토리첼리E. Torricelli는 공기가 무게와 압력을 갖는다는 사실을 실험적으로 입증한 사람입니다. 그는 자신의 스승이었던 갈릴레이도 풀지 못한 문제로부터 시작합니다. 갈릴레이는 진공펌프를 이용하더라도 지하수를 10미터 정도밖에는 끌어올릴 수 없다는 사실은 알았는데 그 이유를 몰랐습니다. 토리첼리는 그것이 기압 때문이라고 믿었습니다. 앞서 이야기한 방식으로 표현하자면 토리첼리는 다른 사람은 생각하지도 못했던 공기의 압력을 '본' 것입니다. 그는 자신이 본 것을 어떻게 다른 사람들에게 '보여줄 수 있을지'를 고민합니다. 그리고 마침내 수은을 활용해서 기압이 존재함을 실증해 보일 수 있었습니다. 유명한 토리첼리의 실험이 그것입니다.

토리첼리는 긴 유리관에 수은을 가득 채운 뒤 그것을 다시 수은이 가득 찬 수조에 뒤집어 놓았을 때 76센티미터 높이에서 수은이 멈추는 것을 보여줌으로써, 기압이 존재함을 그리고 자연 상태에 진공이 생길 수 있음을 실증한 것입니다. 토리첼리가 물이 아니라 수은을 이용한 이유는 수은이 물에 비해 13.6배나 무겁기 때문이었습니다. 갈릴레이가 알아낸 사실은 지하수를 끌어올릴 때 위에서 내려진 관에 진공을 만들어도 물이 10미터까지밖에는 올라오지 못한다는 점이었습니다. 그런데 10미터나 되는 관으로 지상에서 실험하기란 효율적이지도 못하고 실험 장비가 커져서 제대로 측정하기도 어렵습니다. 그래서 토리첼리는 물보다 무거운 수은을 사용한 좀 더 작은 규모의 실험으로 기압이 존재한다는 사실을 '볼 수 있도록' 모형화한 것입니다.

이론이 발견의 탐구라면, 실험은 구현의 과정입

니다. 그리고 그 둘 사이에는 확실히 다른 사유 방식이 작동합니다. 물론 통상의 사고 과정에서는 그 둘이 완전히 분리되지 않습니다. 다만 이론적 추리를 잘하는 사람이 자신이 발견한 것을 실증할 실험도 잘 고안해낼 거라고 단언하기는 쉽지 않습니다. 현실의 조건들을 잘 활용해서 이론적 지식을 실증해내는 데는 발견 과정과는 달리 '어떻게 하면 보이도록 할까'에 대한 궁리가 필요합니다. 그것은 이론과 가설을 세우는 일과는 좀 다른 아이디어들이 요구됩니다. 토리첼리는 그런 관점에서 재능이 탁월한 사람이었던 셈입니다. 아주 전문적 과학 지식이 없더라도 발명을 잘하는 사람들, 또 일상에서 쉽게 만나는 물건을 다양한 용도로 사용하는 사람들은 이런 구현적 사유에 탁월한 사람들이라고 할 수 있습니다.

'유레카'라는 말에 얽힌 아르키메데스의 실험은 지금까지 설명한 내용에 가장 잘 어울리는 이야기일 것입니다. 새로 만든 왕관이 순금으로 만들어졌는지 아니면 다른 금속이 섞였는지를 알아보라는 왕의 명령을 받은 아르키메데스가 그것을 어떻게 입증할지를 너무너무 고민하다가, 우연히 목욕탕 욕조에서

물이 넘치는 것을 보고 "유레카(알았다)!"라고 외치고 너무나 기쁜 나머지 벌거벗은 채로 뛰어나갔다는 이야기 말입니다. 아르키메데스는 왕관과 같은 양의 순금과 왕관을 각각 똑같은 양의 물속에 넣어 비교하는 방식으로 그 왕관에 다른 물질이 섞였음을 사람들에게 보여줄 수 있었습니다. 아마도 아르키메데스에게 진짜 숙제는 왕관에 순금이 아닌 다른 물질이 섞였다는 사실을 알아내는 것이 아니라, 겉보기에는 순금과 다를 바 없는 그 왕관에 정말 다른 물질이 섞였다는 사실을 어떻게 입증할 것인가 하는 문제였을 것입니다. 더군다나 그 왕관을 만든 장인들이 지켜보고 있는 상황에서 말이죠. '유레카'라는 말의 의미는 그래서 이중적입니다. 이른바 아르키메데스의 원리라고 알려진 부력의 원리를 '발견'했다는 뜻도 되겠지만, 그 원리를 사람들에게 '보이게 할' 방법도 찾아냈다는 의미인 것입니다.

계획이 반이다

¶

예술적 창조 활동을 하는 자들 역시 자신의 통찰을 현실에 존재하는 구상물로 표현하는 데 탁월한 재능을 지닌 사람들입니다. 스페인 카탈루냐 지방의 대표적 도시인 바르셀로나를 상징하는 건축가 가우디A. Gaudi도 그런 사람들 중 한 명입니다. 그의 작품 중 카사 밀라Casa Mila는 바르셀로나 근교에 있는 몬세라트 산에서 얻은 영감을 표현해낸 건축물입니다. 카사 밀라는 당시의 여타 건축물과는 달리 곡선 위주로 표현되었습니다. 실제로 몬세라트의 암벽들은 마치 여러 개 원기둥을 겹쳐 놓은 듯한 모습입니다. 자연이라는 오래된 성전에 설치된 거대한 파이프 오르간 같다는 느낌을 주지요. 가우디는 몬세라트에서 자연의 기본은 곡선이라는 생각을 떠올렸습니다. 그리고 그 시대 감성에서 보자면 파격적으로 건물 외벽을 구불구불하게 표현한 것입니다. 당대의 고정관념으로부터 벗어난 그의 사유 과정에는 분명 '부정성'이 매개되어 있습니다. 자연을 닮은 형상을 건물에 구현하려면 직선과 평면이라는 인간이 만들어낸 관념을 부정해야만 가능했기 때문입니다.

하지만 그 부정성의 이면에는 또 다른 '실증성'이 있습니다. 가우디는 새로이 의미를 부여한 자연의 곡면을 표현하기 위해 건축물 겉면의 소재로 석회를 사용합니다. 곡면을 표현하기 쉬운 재료였기 때문입니다. 물론 그는 무턱대고 겉모습만 닮은 건물로 만들어내진 않았습니다. 수없는 모델링을 통해 구조적으로도 안정적인 건물을 지었습니다. 가우디가 지은 그 집에는 여전히 사람들이 살고 있으니 말입니다.

이처럼 어떤 아이디어를 현실에 구현해내기 위해서는 각각의 재료가 지닌 현실적 특성에 대한 깊은 이해가 필요합니다. 그 외에도 가우디는 건축물 외관을 장식하기 위해 작업장 노동자들이 집에서 사용하다 버린 접시, 대리석 조각, 유리병 등을 사용하기도 합니다. 또 그의 삼촌은 대장간을 운영했는데 그곳에서 철을 다루는 방법을 배운 일 역시 그의 작업에 적지 않은 영향을 미칩니다. 이러한 구체적이고 현실적인 지식이 없었다면, 그의 작품은 세상에 존재하지 못할 공허한 상상에 머무르고 말았을 것입니다.

수은으로 자신의 생각을 표현한 토리첼리나 수

없이 많은 모형을 만들어 시험해봄으로써 구조적으로 안정적이면서도 자신의 감성을 담아낸 건물을 만들어낸 가우디나 모두 자신의 생각을 현실에 구현할 수 있는 가능한 한 최적의 대안을 생각해내느라 고심했을 것입니다. 실증적 사유의 핵심은 주어진 조건들을 초기값으로 인정하고 시작하는 데 있습니다. 활용 가능한 소재들을 최대한 활용하려는 태도 역시 필수적입니다. 그러나 이러한 활동이 생산적이기 위해서는 단지 생각만으로는 완성되지 않습니다. 자신이 생각한 구상물이 세상에 모습을 드러낼 때까지 계획을 세우고 단계적으로 추진해가는 힘도 필요합니다. 이 힘은 단순히 의지의 문제만은 아닙니다. 계획을 어떻게 세우느냐에 따라 생각은 현실이 될 수도 있고, 한낱 상상에 머무를 수도 있기 때문입니다. 그래서 실증성의 사유에는 언제나 절차적 합리성이 매개되어 있습니다.

무엇인가를 만들어내기 위해 순서를 잘 지켜 일을 수행하는 절차적 합리성은 공학적 분야에서 분명하게 드러납니다. 돌아가신 신영복 선생께서 목수가 집 그림을 그릴 때 지붕부터 그리지 않고 주춧돌부터 그리는 것을 보고 깨달음을 얻으신 일도 마찬가지일 것입니다. 현실에 존재할 사물을 만들어내는 일만이 아니라 하나의 생각을 완성해나가는 추리나 소프트웨어 설계도 다르지 않습니다. 목표로 하는 답에 도달하기 위해서는 최종 목표를 분명하게 정의하고, 그것을 다시 분석적으로 파악해서 하위 단계별로 도달해야 할 세부 목표를 잘 정리하는 일이 필요합니다.

이러한 공학적 사유의 특징을 가장 잘 보여주었던 사람은 바로 테일러F. W. Taylor였습니다. 이른바 과학적 경영의 시발점이라고 할 만한 테일러의 발상은 단순했지만 당시 관행으로 보자면 혁신적이었습니다. 당시만 해도 무엇인가를 만들어내는 작업은 장인이나 숙련공의 감각에 전적으로 의지할 수밖에 없다고 생각했습니다. 그런데 테일러는 그런 작업 과정을 과학적으로 분석하여 개선할 수 있다고 믿었습니다. 다시 말해 생산 과정을 체계적으로 나누고 그 각각의 과정을 다시 미시적으로 분석해서 그 과정 하나하나를 순차적으로 달성하면, 결국 원래 의도했던 목적을 이루는 일이 가능하다고 본 것입니다. 테일러는 이러한 방법이 노동의 효율성을 극대화할 수 있으리라 믿었고, 실제로 공장의 노동 생산성을 혁신적으로 높일 수 있었습니다.

우리는 어떤 목표를 달성하기 위해 현실의 조건을 분석하고, 실현 가능한 것을 중심으로 로드맵을 세우며, 매 단계에서 수행된 과정을 점검하고, 현 조건에서 남은 일을 조율해나갑니다. 이러한 일련의 절차적 과정은 공학적 합리성의 두드러진 장점입니다. 계획을 잘 세우면 일의 절반이 끝난 것이라는 오래된 격언은 공학적 합리성의 의미를 잘 담아낸 말입니다. 실제로 근대 산업혁명이 인류에게 가져다준 커다란 변화는 오로지 생산의 효율성이 높아진 점만은 아닙니다. 생산의 효율성이 높아진 것으로만 따지면 신석기 시대의 농업혁명도 못지않습니다. 하지만 변화의 영향력과 속도를 따지자면 신석기 시대의 농업혁명과 근대 산업혁명은 비교할 바가 아닙니다. 나아가 산업혁명의 더 큰 영향력은 우리가 어떤 문제에 부딪쳤을 때, 그 문제를 어떻게 해결해나가야 하는가에 대한 사고 모형을 보여준 것에 있습니다.

과학철학자인 화이트헤드A. N. Whitehead는 근대 학문이 빠르게 발전할 수 있었던 이유가 공장에서 문제를 해결해가는 방식이 학문 탐구에도 영향을 주었기 때문이라고 말합니다. 일반적으로 인지과학 분야에서 말하는 문제 해결의 절차는 다음과 같습니다.

> 문제의 발견— 문제의 정의— 해결책의 탐색과 결정— 정해진 해결책의 수행— 성과에 대한 비판적 분석— 새로운 문제의 발견— …

이러한 일련의 절차적 과정은 그것이 어떤 유형의 문제든 범용으로 활용할 수 있는 생각의 틀입니다. 인공지능과 같은 기계적 사유 체제가 인간의 합리성을 재현해낼 수 있는 까닭은 바로 이러한 문제 해결의 '절차적 특성'을 기계에 구현해놓았기 때문입니다. 눈에 보이는 것을 넘어 자신이 발견해낸 보이지 않는 것을 현실에 구현하고자 할 때, 이러한 공학적 합리성의 역할이 얼마나 중요한지를 새삼 강조할 필요는 없을 것입니다.

물론 앞서 말한 경직된 실증주의처럼 공학적 사유가 갖는 위험한 측면도 있습니다. 테일러가 실제로 보여준 공학적 사유는 우리가 문제를 해결할 때 효율성을 극대화할 수 있게는 해주었지만 그 대가로 인간의 문제를 숨겨버렸기 때문입니다.

인간다운 삶을 위하여

¶

경직된 공학적 합리성은 찰리 채플린이 ‹모던 타임즈›에서 묘사한 기계 톱니바퀴 속 주인공처럼 인간을 합리적 효율성을 목표로 하는 거대한 체계의 부품으로 만들어버릴 수도 있습니다. 또 일정 수준에 도달하고 난 뒤에 질적인 생산성을 높이는 데도 한계가 있습니다. 그 체계는 노동자의 창의성을 반영하기 어렵기 때문입니다. 간단히 말해 그런 체계에는 사람이 없습니다. 사람이 없다는 말은 한 개인의 개성이 반영되지 않는다는 뜻입니다. 효율적 체계란 어떤 사람이 그 자리를 대신 채우든 체계가 변함없이 돌아갈 수 있어야 합니다. 그렇게 설계된 체계에서 노동자가 자기 이름을 갖기란 어려운 법입니다. 그래서 한편으로 테일러가 생각한 생산성 증가의 이념은 다소 비인간적으로 느껴지기도 합니다. 그런데 본래 테일러가 의도했던 바는 생산성 증가를 통해 노동자와 기업가 모두가 행복한 세상이었습니다. 그런 점에서 테일러가 비인간적 체계의 창조자로 여겨지는 현실은 매우 역설적입니다. 이는 어쩌면 오직 객관적인 것만을 신봉하는 실증주의적 태도 속에 내재된 숙명인지도 모르겠습니다.

1932년에 출간된 헉슬리A. Huxley의 《멋진 신세계》는 테일러 시스템에서 한 발 더 나아가 대량생산 시스템을 도입한 포드주의가 그려낸 미래를 보여줍니다. 고도로 효율화된 세계, 효율성을 위해 알파부터 엡실론까지 사회적 계급이 나뉘고 각 계급 사람들은 자신에게 부여된 사회적 역할을 수행하기 위해 과학적 관리 시스템에 따라 통제됩니다. 아이들은 공장에서 인공으로 수정되어 생산되며 미리 계획된 계급에 따라 지능·체력·체격 조건이 부여됩니다. 허드레 노동일을 하도록 계획된 아이는 어린 시절부터 책을 싫어하고 멀리하도록 훈련받고, 지적 업무를 맡을 아이들 역시 인위적으로 조작된 환경에서 성장합니다. 하지만 그 체계 속 사람들은 모두 자신의 처지에 만족합니다. 아니 그렇게 만족하도록 교육을 받고 자랍니다.

소설 마지막 부분에서는 그런 시스템의 최고 관리자 그리고 그 시스템에 저항하고 셰익스피어를 좋아하는 야만인 사이에 논쟁이 벌어집니다. 무엇이 행복이고 인간다운 삶인지를 두고 말입니다. 얼핏 생각할 때, 당사자가 행복하다고 느끼기만 한다면 자신이 알파 계급이건 엡실론 계급이건 상관없는 것 아닐까요? 그렇다면 모든 사람이 싫어하는 일을 하면서도 만족할 수도 있도록 사람을 개조해버리면 되는 일 아닐까요? 무스타파 몬드, 그 시스템의 최고 관리자는 그 방법만이 질서와 평온 그리고 만족 가득한 세상을 만들 수 있다고 주장합니다. 사람들에게 자유를 주는 것은 곧 무질서와 불안 그리고 시기로 가득한 세상을 만드는 길이라고 말입니다.

비록 당사자들이 아무리 스스로의 삶에 대해 행복을 느낀다고 할지라도, 그 멋진 신세계를 들여다보는 우리 마음은 우울해집니다. 미리 설계된 삶, 그래서 자신만의 인생과 자유가 없는 세계에서 살아가는 모습이 비인간적으로 보이기 때문입니다. 헉슬리의 이 우울한 전망은 인간다운 삶의 본성이 무엇인지를 묻게 합니다.

인문학자는 효율성만을 목표로 하는 공학적 인간관을 비판합니다. 하지만 그 반대 진영에서는 현실의 문제를 제대로 고려하지 못하고 추상적 이념만을 내세워 세상을 바라보는 태도가 실제 현실을 개선하는 데는 도움을 주지 못한다고 비판합니다. 곰곰이 생각해보면 두 입장 모두에게 부분적으로 진실이 있습니다.

실증적이고 공학적인 태도에서는 일단 주어진 조건들을 현실로 인정하고 문제를 해결해야 한다는 점을 중시합니다. 그 안에서 최적의 솔루션을 내려는 겁니다. 그렇기 때문에 바로 그 현실의 의미를 최대한 정확하게 확정하려고 합니다. 하지만 바로 그로 인해 발목이 잡힐 때가 많습니다. 다른 생각을 시도해보기가 어려운 거죠. 달리 말하면 현실의 압박으로부터 자유롭지 못하기 때문입니다. 반면 인문학적 태도에서는 그 현실의 필연성을 다시 생각합니다. 현실의 의미는 어떤 관점에서 보느냐에 따라 달라질 수 있다고 믿기 때문입니다. 그래서 기존 관념으로는 생각하기 어려운 새로운 가능성들을 찾아낼 수 있습니다. 하지만 그것 역시 모자라기는 마찬가지입니다. 현실의 조건을 너무 쉽게 단순화해버릴 위험성이 크기 때문입니다. 결국 해법은 그 두 사유 방식이 얼마나 잘 조화를 이루느냐에 달려 있을 것입니다.

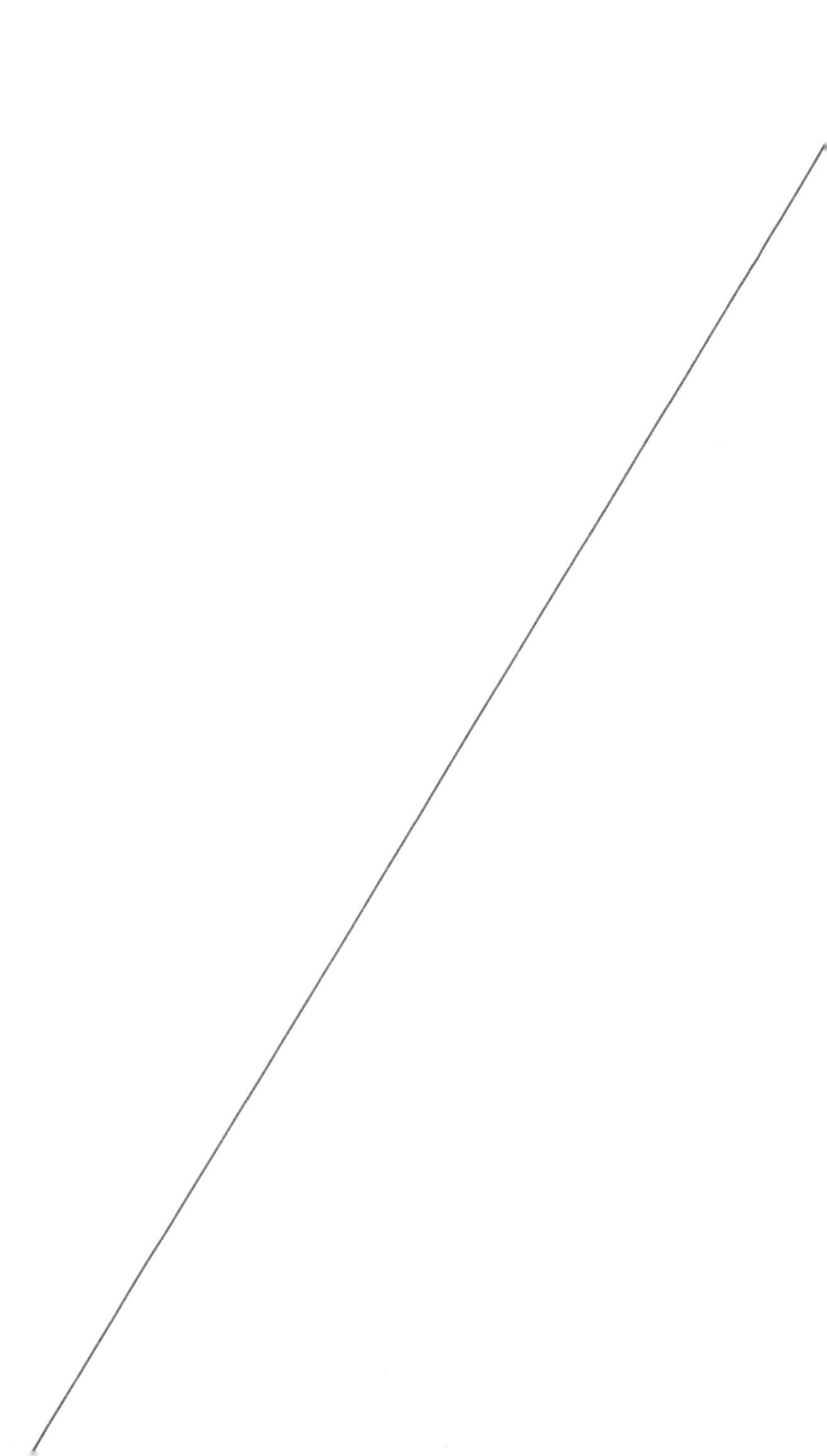

10/10

창의적 문제 해결 : 가치와 연결망

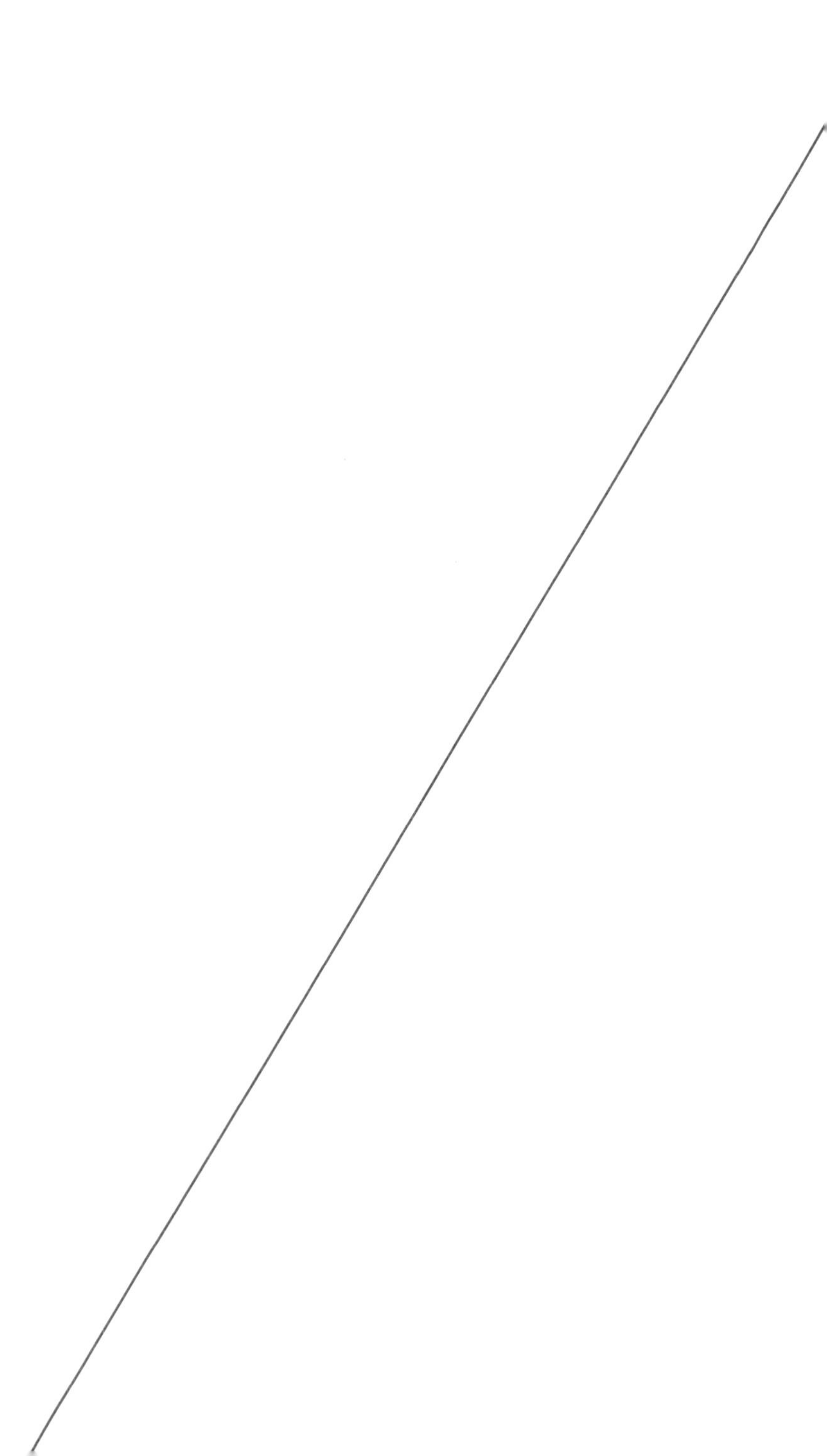

나비효과의 그물망

¶

헉슬리가 유토피아를 염두에 두고 한 사고실험은 우리가 현실에서 부딪치는 문제들을 해결할 때 어떤 점들을 고려해야 하는지를 생각하게 합니다. 가능한 한 많은 사람이 만족스럽게 살기 위해서라면 우리는 어디까지 포기할 수 있을까요? 또 설령 거의 모든 사람이 행복하게 살 수 있더라도 결코 포기할 수 없는 것이 있을까요? 그런 문제들을 결정하는 일은 사회적 합의, 말하자면 다수결에 따르기만 하면 될까요?

이 가운데 어떤 물음에 대해서도 쉽게 대답할 수는 없을 듯합니다. 설령 대답하더라도 그 내용은 역시 제각각일 것입니다. 가치 판단도 다르고, 각각이 처한 상황과 조건도 다르기 때문입니다. 당연히 제일 좋은 문제 해결은 실제로 부딪친 문제를 효과적으로 해결할 뿐만 아니라 부작용도 최소화하는 것입니다. 이는 사회가 복잡하고 민주적일수록 더더욱 신경 써야 할 부분입니다. 사회가 복잡하고 민주적이라는 말은 그만큼 이해관계도 복잡하다는 뜻이어서, 어느 한 쪽이 이익을 볼 때 다른 쪽에서는 손해나 또 다른 문제가 생길 수 있다는 뜻이기도 합니다.

낙후한 어느 지역에 새로운 교통망이 생기면 당연히 그 지역 주민들은 여러 혜택을 볼 수 있습니다. 반면 그런 불편한 교통망 덕에 이익을 보던 사람들도 분명 있었겠지요. 새 교통망은 불편한 교통망 때문에 이익을 보던 사람에게는 손해가 될 수 있습니다. 새 도로와 지하철이 뚫려 보다 화려하고 좋은 상권으로 가는 일이 쉬워지면, 불편한 교통 때문에 동네에서 그냥 물건을 구매하던 사람들이 좀 더 좋은 상권으로 쇼핑에 나설 수 있기 때문입니다. 자연스레 그 동네의 상권은 시들게 마련입니다. 그래서 얼핏 보면 좋은 일이지만 그 결과로 한숨을 쉬는 사람이 생겨나고 맙니다. 사회가 복잡할수록 이런 일들이 많아집니다. 요즘 창의적 문제 해결력이라는 말이 학교나 사회에서 유행하고 있는 상황은 이런 사정의 반영이기도 합니다. 앞서 잠깐 이야기했듯 우리 사회도 그 사이에 몹시 복잡해졌기 때문입니다.

사회가 복잡해짐에 따라 사람들 이해관계도 복잡해진다는 말은 틈새시장과 새로운 직업이 등장하는 현상을 보면 쉽게 이해할 수 있습니다. 세계적으로 논란의 중심에 있는 우버Uber 택시나 에어비앤비Airbnb 같은 사업은 공유 경제의 대표적 상징입니다. 어차피 사용할 일이 없는 자가용을 택시로 활용하거나 집에 남은 빈 방을 숙소로 제공하는 것이죠. 개인 소유에서 공동 사용으로 자산에 대한 개념을 바꾸면 사회 전체적으로 자원을 절약할 수 있어 효율적이고, 그렇게 유휴 자산을 제공하는 사람은 이익을 얻을 수 있으니 모두에게 좋을 수 있습니다.

반면 그런 변화는 기존 제도에서 수익을 내고 있는 대중교통이나 숙박업 종사자에게는 큰 타격이 될 수도 있습니다. 그 때문에 논란이 많은 것입니다. 공유 경제의 한 특징은 개인 대 개인의 거래인데 단지 기존 사업자에게 피해를 줄 수 있다는 점만이 아니라, 거래를 통해 수익을 얻는 사람들의 세금 문제 및 거래 안정성과 관련된 법적 문제 등등 다양한 사회적 문제들을 쏟아냅니다. 그럼에도 그러한 사업들이 사람들 사이에서 인기를 얻고 시장자본주의의 새로운 대안으로까지 회자되는 까닭은 사회적 효용성이 크기 때문입니다.

흔히 나비효과라고 말하는 현상, 작은 변화가 커다란 결과를 초래하는 현상은 복잡한 체계에서 흔히 관찰할 수 있습니다. 사회가 복잡해지면 사람들이 예상치 못한 결과들이 속출하기도 하는데, 그것은 마치 산꼭대기에서 어린 소년이 조그만 눈사람을 만들기 위해 뭉친 눈덩이가 산 아래까지 굴러 내려와 집을 무너뜨리는 일이 생겨나기도 하는 것과 마찬가지입니다. 이런 현상은 사실 디지털 기술을 통해 네트워크 사회가 되면서 증폭했습니다. 정보의 빠른 교류와 확산이 특정 사건들의 사회적 영향력을 증폭하기 때문입니다.

역사적으로 볼 때 사회의 복잡성은 정보의 저장 및 이동 속도에 비례하는 듯합니다. 정보를 안전하게 저장하고 전달할 수 있는 책이 등장하면서 우리 문명이 어떻게 바뀌었는지, 나아가 그런 책을 활판 인쇄를 통해 손쉽게 복제하고 그것을 다시 철도를 통해 쉽게 전달하면서 사회가 어떻게 변화했는지를 상상해보면 됩니다. 그러니 오늘날의 정보 확산 속도를 생각해보면 사회가 과거에 비해 얼마나 복잡해졌을지 가늠해볼 수 있습니다. 이러한 사회 속에서 생겨나는 문제들은 사회 구조가 상대적으로 단순했던 과거 시절과는 그 영향력이 다릅니다. 무엇보다 과거에는 생각해보지도 않았던 문제들이 등장합니다.

알고리즘이 작동하지 않을 때

¶

어느 사회에서나 문제는 생기게 마련이니 문제 해결력이 좋은 사람이 대접을 받는 것은 당연한 일일 겁니다. 그런데 빠르게 변화하는 사회에서는 과거에 접해보지 않은 문제들이 등장하므로 그 해법도 다른 방식으로 구해야만 합니다. 흔히 문제를 푸는 방법이 규격화되어 정해져 있을 때, 그 방법을 알고리즘이라고 말합니다. 수학에서 방정식을 풀 때, 이항 정리를 하고 계산을 하거나 근의 공식을 사용하거나 하는 방법들이 말하자면 알고리즘입니다. 사회 구조가 단순할 때는 문제를 해결하는 알고리즘에 따라 문제를 풀면 됩니다. 이때 문제 해결력이 뛰어난 사람은 그 알고리즘에 능숙한 사람입니다. 그런데 사회가 변하면서 기존 알고리즘이 제대로 작동하지 않을 때는 어떨까요? 새로운 방법이 필요하고, 그래서 바로 창의성이 필요해집니다. 즉 기존 방법과는 다른 길을 찾아내야 합니다.

그런데 정작 '창의적'이라는 말이 수수께끼입니다. 도대체 무엇이 창의적인 것일까요? 일단 우리 통념으로 보면 창의적인 사람은 보통 사람과 다릅니다. 그들은 독특한 방법으로 문제를 해결하는 사람들입니다. 그런데 요즘 이런 창의성과 관련해서 재미있는 현상이 일어나고 있습니다. 우리 주변의 모든 사람이 다 창의적인 사람이 되려고 한다는 점입니다. 초등학교 교육부터 대학 교육에 이르기까지 전부 창의적인 사람이 되라고 누누이 강조합니다. 말하자면 전부 보통 사람과는 다른 사람이 되라는 이야기입니다. 그런데 모든 사람이 창의적인 사람이 된다면 누가 창의적인 사람인지를 과연 알 수가 있을까요? 비교를 해줄 보통 사람이 없는데 말입니다. 여기에는 잘못된 통념이 작용합니다. 흔히 보통 사람과 다르다는 점에서 창의성을 찾으려는 시각입니다. 과연 단지 다르다는 이유만으로 창의적이라고 할 수 있을까요?

창의성은 실질적으로 달라야 합니다. 다만 보통 사람과 다른 것이 아니라 기존 방식과 다른 것입니다. 우리가 앞서 이야기했던 맥락에서 정의하자면 기존 방식으로는 보이지 않는 것을 볼 수 있는, 혹은 자신이 본 새로운 뭔가를 다른 사람도 볼 수 있게 만드는 새로운 방법을 찾아내는 일입니다. 적어도 창의성을 이러한 관점에서 보면 보통 사람과 달라야 한다는 압박으로부터 벗어날 수는 있습니다. 제가 압박이라고 말한 이유는 그만큼 '창의적 인재'라는 말이 우리 사회의 젊은이들을 속박하는 표현이기 때문입니다.

사실 우리 사회가 '창의성'을 요구하는 까닭은 정말 기발하고 독특한 뭔가를 원해서는 아닐 겁니다. 사회가 요구하는 것은 '문제 해결력'이 높은 사람입니다. 이는 앞서 이야기했듯이 현대 사회가 빠르게 변화해가며 점점 더 복잡해지기 때문이라고 할 수 있습니다. 사람과 사회에 대한 기존의 이해 방식으로는 하루가 다르게 바뀌는 문제 상황에 제대로 대처하기가 어렵기 때문에 새로운 방식의 해결법을 찾아낼 수 있는 사람을 구하는 것입니다. 따라서 우리가 흔히 '창의적 인재'라고 말하는 것은 '창의적 문제 해결력'을 가진 사람을 뜻합니다. 그것은 다시 그저 다른 사람과 달리 생각한다는 뜻이 아니라 기존 방식과는 다른 방식으로 문제를 해결할 능력이 있음을 뜻합니다. 그렇다면 어떤 사람이 창의적 문제 해결력을 지닌 인재일까요? 또는 어떻게 하는 것이 창의적 문제 해결력을 발휘하는 방법일까요?

앞선 논의들과 마찬가지로 우선은 창의적 문제 해결력에 대해 흔히 우리가 지닌 선입견들을 정리해 볼 필요가 있습니다. 창의적 문제 해결력이라고 하면 사람들은 보통 '좋은' 아이디어를 내놓을 수 있는 역량을 가장 먼저 떠올립니다. 그래서 사회 곳곳에서 아이디어맨에 대한 요구가 높습니다. 아이디어가 많다 함은 남들이 생각해보지 않은 것, 혹은 남들이 보지 못한 것을 '보는' 특별한 능력이 있음을 뜻합니다. 따라서 그 사람은 현실의 조건들에 매이지 않고 문제를 바라보는 시선을 다양하게 옮길 역량이 있는 사람입니다. 하지만 아이디어만으로는 문제가 해결되지 않습니다. 흔히 창의적 문제 해결력이라 하면 주로 이렇게 아이디어가 많은 사람을 떠올리지만, 우리 목표는 그저 창의성 고양이 아니라 우리에게 주어진 과제를 해결하는 것입니다. 따라서 다른 조건들도 고려해야만 합니다.

주어진 문제를 해결할 수 있는 좋은 아이디어가 떠올랐다면, 이제 현실적 조건을 고려해서 그것을 관철할 수 있는 실행력이 필요합니다. 여기에는 구현하는 사유, 다시 말해 공학적 합리성이 필요합니다. 최종 목표에 도달할 때까지 체계적으로 과제를 나누고, 그 과제를 달성하기 위한 세부 과정을 정리하고, 각 단계마다의 시간 및 비용 등을 전체적으로 관장해서 단계별로 추진해나갈 수 있는 역량이 필요합니다. 또 다른 역량은 오늘날 우리가 처한 사회의 복잡성과 관련이 있습니다. 다양한 이해관계를 지닌 주체들이 서로 합의하고 협력해야 하는 민주주의 사회에서는 타인의 협력을 이끌어낼 수 있는 감성적 역량이 그 무엇보다 중요합니다.

어떤 사람은 유독 다른 이들 도움을 받지 못합니다. 심지어 가급적 그 사람과 같이 일하고 싶지 않다는 생각이 들게끔 하는 경우도 있습니다. 반면 어떤 사람은 능력은 뛰어나 보이지 않아도 그와 함께 일하면 좋겠다는 생각을 불러일으킵니다. 그렇다면 문제해결력이 높은 사람에 대해 정리해볼까요? 가장 이상적인 경우는 문제를 해결할 수 있는 아이디어가 많으면서도 그 아이디어를 구체화하고 현실에서 작동하도록 체계적으로 실행할 역량도 있고, 더불어 다른 사람들 협력을 잘 이끌어낼 수 있는 사람입니다.

이번에는 이 문제를 한 개인 차원이 아니라 공동체나 조직 차원에서 생각해보겠습니다. 한 사람이 모든 방면에 있어서 아주 탁월한 문제 해결력을 가졌다면 좋겠지만, 대개의 경우 팔방미인은 그리 많지 않습니다. 어떤 사람은 아이디어는 많은데 시간 관리가 안 되고 추진력도 없는 반면, 어떤 사람은 일단 목표가 정해지면 무소처럼 밀고 나가는 추진력은 있지만 그 바람에 너무 독선적이어서 다른 사람들 원망을 사기도 합니다. 또 주변 사람들이 모두 좋아하고 도와주고 싶어 하지만 정작 당사자는 아이디어도 별로 없고 사람이 너무 좋아 우유부단한 사람도 있습니다. 공동체는 바로 이런 다양한 사람들이 모인 곳입니다. 만약 각각의 사람들이 자신이 잘하는 부분에서 최고의 역량을 발휘할 수 있다면, 즉 아이디어 많은 사람은 아이디어를 내고, 추진력 있는 사람은 전체적인 일을 추진해나가고, 협력이 필요한 일들은 감성적 역량이 뛰어난 사람들이 구성원을 설득해서 서로 협조할 수 있도록 한다면, 그 공동체 혹은 조직이야말로 개인의 역량을 뛰어 넘는 창의적 문제 해결력을 발휘하는 조직이 될 것입니다.

이렇게 공동체 차원에서 바라보면 모두가 다 문제 해결력을 가진 사람이라고 생각할 수 있습니다. 아이디어를 내는 일이나 일을 추진해가는 일 혹은 사람들 마음을 어루만지는 일 등은 정도의 차이는 있지만 누구나 할 수 있는 일이기도 합니다. 그중에 특정 영역에서 상대적으로 다른 사람보다 뛰어난 사람이 있을 뿐입니다. 그렇게 각각의 영역에서 탁월함을 발휘할 수 있도록 조직이 운영되고 그러한 서로 다른 역량들이 제대로 평가받을 수만 있다면, 그 공동체는 더 나은 공동체로 진화할 수 있을 것입니다.

우리 사회는 다소 단선적이고 획일적인 시선으로 사람을 평가하는 경향이 있습니다. 특히 그 평가 기준은 대체로 정량적이고 결과 중심적입니다. 그래서 정량적으로 평가하기 어렵고 구체적 결과로 산출되지 않는 역량은 평가를 제대로 받지 못하는 경우가 많습니다. 이런 문화가 확산되면 각각 자신이 잘할 수 있는 일을 방기한 채, 자신이 잘하지 못하는 일을 해내기 위해 경쟁을 하게 됩니다. 이런 경쟁이야말로 소모적이며, 경우에 따라서는 공동체 자체를 위협할 수도 있는 결과를 낳기도 합니다. 본래 창의성 교육의 목표 중 하나는 각 개인으로 하여금 자신이 잘할 수 있는 것을 찾아내고, 그리하여 개인의 자존감을 높이는 것입니다. 이러한 교육의 성패는 결국 우리 사회가 얼마나 다양한 평가 기준을 갖느냐에 달려 있습니다. 그리고 그것이 바로 우리 사회가 얼마나 개방적인지를 가늠하는 지표가 될 것입니다.

자기 결정권의 가치

¶

새로운 아이디어를 발견해내고 그 아이디어를 현실에 구현하려 노력하는 태도는 앞서 우리가 논의한 인간의 사유 특성과 닿아 있습니다. 주어진 현실의 속박으로부터 벗어나서 자유롭게 현실의 근거를 묻고 다른 대안을 생각해낼 수 있는 가능성의 공간을 열어젖힘으로써 현실의 속박 때문에 보이지 않던 것을 보는 것이 인문학적 사유의 한 특성이라면, 생각해낸 해결책을 현실의 조건에 맞게 수정해서 다른 사람들도 함께 공유할 수 있도록 만드는 것은 공학적 합리성에 기초한 사유입니다.

이 두 과정은 하나의 문제를 해결해나가는 과정에서 끊임없이 뒤얽혀 함께 작동합니다. 문제를 새로운 맥락 속에 집어넣어 다시 정의해보는 일이나 그 문제를 해결할 새로운 해결책을 찾아내는 일, 또 각각의 과정이 현실적 조건과 어떻게 조화로울 수 있는지를 고민하고 비판적으로 평가하는 일 등은 모두 매 단계에서 서로 뒤섞여 일어나기 때문입니다. 핵심은 이러한 사유가 얼마나 조화를 이루는가입니다. 그것이 개인 차원에서 일어나는 일이든, 아니면 공동체 전체에서 일어나는 일이든 마찬가지일 것입니다.

마지막으로 노파심에서 한마디 덧붙입니다. 우리가 부딪친 문제를 해결해나갈 때 테일러가 빠진 역설 혹은 «멋진 신세계»의 지도자인 무스타파 몬드가 빠진 역설적 상황에 스스로 다시 빠지진 말아야겠습니다. 테일러가 꿈꾸었던 것은 공정을 합리화해서 생산성을 극대화하고 그 풍요로운 과실을 경영자나 노동자 모두가 함께 누리는 사회였습니다. 그러나 결과적으로 그러한 합리적 공정은 인간을 소외시킴으로써 그 합리화 과정이 본래 누구를 위한 것이었는지를 잊고 말았습니다. 헉슬리가 그려낸 멋진 신세계 속의 사람들은 자신이 무슨 일을 하든 행복하다고 믿고 있지만, 그 소설을 보는 우리는 결코 그런 세계에서 살고 싶지는 않습니다. 일종의 조작된 삶으로 채워진, 비인간적 세계처럼 보이기 때문입니다.

온갖 근심 걱정을 털어버리고 행복감을 느끼도록 해주는 약을 언제든 먹을 수 있지만 그런 삶은 왠지 인간답다고 생각되지 않습니다. 문제를 해결해나가는 일은 결코 가치의 문제와 동떨어져 있지 않습니다. 문제 해결이라는 것은 그 문제를 넘어선 어떤 목적을 향한 과정이지 문제를 없애는 것이 목적은 아닙니다. 이것이 바로 기계적 사유와 인간적 사유의 중요한 차이이기도 합니다.

우리는 인간이 미래를 생각하고 그에 따라 삶을 계획하는, 스스로 자기 결정권을 가진 자유로운 존재라고 믿습니다. 이 자기 결정권으로 인해 때로는 합리적이지 못한 선택도 하고 생물학적 본성과는 전혀 다른 선택도 합니다. 인간의 삶 아니 생명 일반의 삶은 사소하든 중요하든 문제의 연속이고, 그 문제를 해결해나가는 과정으로 이루어져 있습니다. 그런 수많은 생명 가운데 인간은 그저 생존 명령만을 이행하는 존재를 넘어 더 높은 단계로 고양하려고 합니다.

인간은 스스로 유전자 확산을 위한 도구 이상이기를 원합니다. 이 두 가지 인간 조건, 자기 결정권을 갖고 있으며 더 높은 단계로 고양하려는 인간의 보편적 조건이 서로 다른 삶의 현실과 만나면서 다채로운 삶의 가치들을 만들어냅니다. 바꾸어 말하면 사람들이 생각하는 가치의 다양성과 가치관의 상대성은 그 저변에 깔린 형식적 일반 원리, 더 훌륭한 삶을 위한 자발적 선택이라는 보편적 인간 조건에 의지해 있습니다.

알파고나 왓슨과 같이 인간의 합리적 사유를 재현하고 모방해내는 기술들이 속속 등장하고 있습니다. 인간을 인간답게 해주던 능력을 우리 자신이 외주화하고 있는 중입니다. 우리에게 남은 것은 무엇일까요? 무엇이 인간을 인간이라고 부르게 해주는 조건일까요? 더 훌륭한 삶을 위해 자발적 선택을 하는 인간 존재가 지향해야 할, 더 훌륭한 삶이란 무엇일까요? 조만간 우리는 이 실존적 문제에 대해 고민하고 대답해야만 할 것입니다. 발견적 사유의 힘이 절실한 시점입니다.

에필로그

아웃소싱 그리고 인간의 시대

¶

《미디어의 이해》를 쓴 매클루언M. McLuhan은 미디어 개념을 확장시킴으로써 우리로 하여금 세상을 새로운 시각으로 볼 수 있게 해주었습니다. 미디어, 즉 매체의 본성은 매개하는 것입니다. 주로 정보를 주고받는 도구죠. 아날로그 감성이 살아 있는 편지도 미디어고 전화도 미디어며 텔레비전, 인터넷, 책은 물론 만약 내가 누군가에게 내 마음을 전달하기 위해 자그마한 선물을 주었다면 그것 역시 미디어일 수 있습니다. 결국 미디어 사용자가 자신의 목적을 위해 무엇을 사용하느냐에 따라 세상 모든 것이 미디어 구실을 할 수 있습니다. 생각해봐야 할 지점은 우리가 어떤 미디어를 사용하느냐에 따라 세상을 경험하고 이해하는 방식이 달라진다는 것입니다.

매클루언은 또 다른 책 《구텐베르크 은하계》에서 문화인류학자들의 연구를 원용하여, 인쇄 매체를 사용하는 사람이 세상을 경험하는 방식과 구술 문화 속에 사는 사람이 세상을 경험하는 방식의 차이를 설명한 적이 있습니다. 예컨대 책을 읽을 줄 아는 사람이 영화와 같은 영상물을 지각하고 이해하는 방식과 책을 읽어본 적 없는 사람이 영상물을 지각하고 이해하는 방식은 완전히 다르다는 것입니다. 책을 읽을 줄 아는 사람은 장면과 장면 사이의 이야기를 끊임없이 연결해서 줄거리를 만들고 그렇게 전체 의미를 파악하려고 하지만, 책을 읽어본 경험이 없는 사람은 줄거리가 아니라 매 순간 그들의 관심을 끄는 대상만을 지각하고 기억한다는 것입니다.

인간의 사유에 대해 살펴보면서 미디어를 이야기하는 까닭은 우리가 오늘날 어떤 미디어들에 의존하고 있는가를 생각해보기 위해서입니다. 만약 매클루언의 이야기가 옳다면, 우리가 주로 사용하는 미디어가 변화하고 있기 때문에 인간의 사유도 변화해간다고 보아야 옳을 것입니다. 실제로 여기저기서 디지털 미디어의 사용과 관련해서 우리 삶의 태도가 변화하고, 나아가 생각의 방식도 변화한다는 말들을 들을 수 있습니다. 트위터나 문자메시지처럼 단문에 익숙한 세대는 긴 호흡을 요구하는 책을 읽기 어려워한다는 이야기가 그렇고, 인터넷의 하이퍼텍스트 읽기에 익숙한 세대는 그 이전 세대에 비해 순발력이 높고 자유로운 연상에는 강하지만 오랜 시간 집중하기는 힘들어한다는 이야기도 그렇습니다. 매클루언이 미디어는 그저 어떤 메시지를 전달하기만 하는 순수한 도구가 아니라 미디어 자체가 메시지라고 말한 이유를 짐작할 만합니다.

미디어는 텍스트를 만들어내는 도구입니다. 문자라는 미디어는 문자화된 텍스트를 만들어내며, 디지털 미디어들은 다양하고 화려한 기술적 구현을 통해 여러 감각을 동시에 활용해서 읽어야 하는 텍스트를 만들어냅니다. 동일한 정보일지라도 글로 읽을 때와 이미지로 보고 소리로 들을 때 수용자가 겪는 경험은 상이합니다. 물론 그렇다고 해서 메시지 자체가 달라지지는 않겠지요. 다만 메시지를 재현해내는 방식의 차이로 인해 메시지를 담고 있는 텍스트의 수용 효과에 차이가 생기는 것입니다. 그런 점에서 텍스트를 만들어내는 미디어와 텍스트가 전하는 정보는 상호 간에 영향을 미친다고 볼 수 있습니다.

텍스트가 어떤 미디어에 담기느냐에 따라 메시지의 수용 효과가 달라진다는 것은 통상 메시지가 전달되는 과정에서 작동하는 보조적인 정보들과 관련이 있습니다. 여행지를 안내하는 광고가 글로만 이루어져 있을 때와 그 광고 문구가 여행지의 멋진 풍광을 배경으로 했을 경우는 메시지 수용 효과에서 큰 차이를 보입니다. 시각 정보가 보완된 여행지 안내는 문자로만 전달되는 정보에 비해 훨씬 더 풍부한 재현再現, re-presentation 효과를 지니기 때문입니다.

오늘날 우리가 가장 많이 이용하는 디지털 미디어들은 과거 인류가 사용했던 어떤 미디어보다도 강력한 재현 능력을 지녔습니다. 디지털 미디어들은 문자, 소리, 이미지 그리고 촉각에 이르기까지 다양한 감각 정보를 융합해 마치 현장에 있는 것 같은 느낌을 줄 수 있습니다. 전통적 미디어가 특정 영역에 전문화되어 있었다면, 가령 책은 문자 그리고 라디오는 소리라는 전문 영역을 갖고 있었다면, 디지털 미디어

는 그런 다양한 영역의 정보를 융합해냈습니다. 사실 우리가 경험하는 현실이 공감각적이라는 사실을 생각해본다면 디지털 미디어가 갖춘 재현 능력은 우리에게 좀 더 현실 같은 현장감을 제공합니다. '버추얼리얼리티'나 '증강현실' 같은 표현들이 낯설지 않게 된 것은 디지털 미디어가 갖춘 재현 능력 덕입니다. 디지털 미디어들이 이렇게 강력한 재현 능력을 갖게 된 이유는 모든 정보를 0과 1의 부호로 번역할 수 있기 때문입니다. 전기적 신호를 어떻게 번역하느냐에 따라 그것은 소리도 되고 문자도 되며 이미지도 될 수 있습니다.

어린 아이뿐만 아니라 어른도 좋아하는 레고 블록 놀이는 우리가 사용하는 미디어와 재현 능력에 관한 통찰을 제공해줍니다. 나이를 먹어갈수록, 다시 말해 지적 능력이 성숙할수록 블록의 크기는 작아집니다. 블록의 크기가 클수록 재현할 수 있는 것에는 한계가 있습니다. 블록의 크기가 작아지면 훨씬 더 정교한 묘사가 가능해집니다. 레고 놀이에 전문가가 된 친구들은 중세 시대의 멋진 성을 만들고 치열한 전투를 재현해내기도 합니다. 용과 전투기가 함께 등장하기도 합니다. 미디어의 재현 능력이 증가한 셈입니다. 이런 현상들을 '레고이즘'이라고 불러볼 법합니다.

디지털 재현 능력, 0과 1이라는 미세한 블록의 재현력이 높은 이유도 재현의 단위가 되는 기본 블록이 작고 단순하기 때문입니다. 더욱이 그 블록 자체는 아무런 맥락적 의미가 없는 중립적 존재입니다. 그 작은 의미 블록들이 모여 무한히 다양한 것을 재현해냅니다. 만약 그 블록 각각에 고유한 뜻이 있다면, 새로운 것을 재현해내기 위해서는 모양이 다른 새로운 블록이 필요할 것입니다. 반면 의미 중립적인 블록은 충분히 작고 그 수만 넉넉하다면 무엇이든 재현해낼 수 있습니다. 한글이나 알파벳 같은 표음문자가 상형문자나 표의문자보다 재현력이 높은 이유도 각각의 의미 블록이 중립적이기 때문입니다. 디지털 미디어는 재현을 위해 오직 0과 1이라는 부호만 필요합니다. 한글이 소리와 냄새와 눈에 보이는 것들을 섞어 이야기를 전하기 위해 스물네 개 자모를 필요로 하고, 알파벳은 스물여섯 개의 부호를 필요로 하는데 말입니다.

감각은 인간이 세상을 접하는 최초의 통로입니다. 그 때문에 가장 원초적이고, 그런 의미에서 가장 직접적인 미디어이기도 합니다. 다시 말해 감각적 재현은 우리가 현실을 체험하는 가장 직접적인 기준입니다. 디지털 미디어들은 점점 더 발전하는 기술력으로 우리가 경험하는 감각적 현실을 재현하려고 합니다. 어떤 때는 우리의 자연스러운 감각보다도 선명한 감각 자료로 재현해내기도 합니다. 기능적으로 뛰어난 음질, 자연의 색보다도 더 선명한 색깔 같은 것들이 그렇습니다. 그런데 이런 재현 능력을 보면서 문득 보르헤스의 지도 이야기가 떠오릅니다.

점점 더 정밀한 지도를 만들고자 했던 지도 제작자들이 감당할 수 없는 크기의 지도를 만들어 거대한 쓰레기를 남겨놓았던 것과 마찬가지로 미디어의 재현 능력에도 어떤 한계가 있을지 모릅니다. 그 한계는 효과에 대비한 비용의 문제일 수도 있고, 미디어가 제공하는 감각 체험이 너무 과장되어 사람들을 불편하게 만드는 과잉 감각의 문제일 수도 있습니다. 그런데 도대체 왜 우리는 재현하려고 하는 것일까요?

누군가 우주에서 하룻밤을 보냈습니다. 그는 친

구에게 그 경험이 어땠는지를 생생하게 '말'로 전합니다. 그러고는 아무래도 그 생생한 경험을 영원히 기억하고 싶어 일기장에 '문자'로 기록합니다. 이번에는 친구가 우리만 그 경험을 알 것이 아니라 다른 사람들에게도 알리자고 권유해 '책'을 출간해서 훨씬 더 많은 사람과 그 경험을 공유합니다. 그중에 그 이야기에 호기심을 가진 영화감독이 있어 첨단 디지털 기술을 동원해서 4D '영화'를 만들기로 합니다. 이렇듯 우리는 항상 경험을 공유하는 일에 열심입니다. 매사를 생물학적 관점에서 보기 좋아하는 사람이라면, 타인과 경험을 공유하려는 이러한 성향이 바로 진화의 원동력이라고 말할 법합니다. 타인의 경험 속에는 우리가 사는 현실이 얼마나 다양한지를 보여주는 사건들, 또 그런 사건을 어떻게 헤쳐 나가는지를 보여주는 비결들이 있습니다.

지식의 집적이 의미를 띠는 것은 그것들이 공유될 때입니다. 경험과 지식은 인간의 삶을 풍성하게 해주고 성장시킵니다. 경험과 지식이 많다는 것은 그만큼 문제 해결력이 높다는 의미입니다. 이런 지식과 경험을 공유하는 일은 그저 한 사람의 삶이 경쟁력 있고 풍성해진다는 것 이상을 의미합니다. 일단 누군가의 경험과 지식이 여러 사람에게 공유되면, 그것은 다른 사람들이 다음 단계로 나아갈 수 있는 발판을 마련해줍니다. 다시 말해 우리가 경험을 공유할 때 자신이 겪은 경험을 좀 더 생생하게 재현해내고 싶어 하는 욕망은, 전체 생명의 역사에서 인류가 그토록 짧은 시간에 문명을 발전시킬 수 있었던 원동력이었을 것입니다. 이런 관점에서 보면 우리가 왜 디지털 미디어를 사랑(?) 하는지도 알 수 있을 듯합니다. 자신이 알고 체험한 것을 얼마나 잘 재현하느냐가 지식과 경험의 공유를 가능하게 만드는 관건이며, 디지털 미디어는 이제까지 우리가 지녔던 여러 미디어 가운데 가장 강력한 재현 능력을 갖추었기 때문입니다.

다시 매클루언의 테제로 돌아가봅시다. 미디어가 바뀌면 우리가 세상을 재현해내는 방식이 바뀌고, 그에 따라 세상을 이해하는 방식도 달라질 수 있습니다. 예컨대 인류 문명사에서 가장 빛나는 시기 중 하나인 근대는 책이라는 활자 미디어를 통해 지식이 광범위하게 확산되기 시작한 때였습니다. 그만큼 자연을 이해하는 지식의 성장은 폭발적이었고, 그에 따라 자연을 통제하는 기술의 발전도 폭발적이었습니다. 새롭게 발견된 지식과 기술이 빠르게 확산되면서 그렇게 확산된 지식과 기술의 수준은 한 단계 높아지거나, 그 지식이나 기술에 관련된 또 다른 지식과 기술을 발전시켰기 때문입니다. 이른바 네트워크 효과가 나타나기 시작한 것입니다.

컴퓨터 공학자인 데이비드 리드D. Reed는 네트워크의 규모가 커질수록 그 효용성은 기하급수적으로 증가한다고 말한 적이 있습니다. 확산된 지식과 기술이 서로 연결되면서 지식 네트워크를 이루자 점점 더 많은 지식과 정보가 쏟아져 나오고, 당연히 그 중에는 우리 삶을 변화시킬 새로운 혁신도 늘어나기 시작한 것입니다. 우리는 근대를 혁명의 시대라고 부릅니다. 과학 혁명이 있었고, 산업 혁명이 일어났으며, 정치 혁명도 생겨났습니다.

우리는 오늘날의 사회를 아예 네트워크 사회라고 부릅니다. 디지털 기술을 이용한 미디어들 덕입니다. 그래서 우리를 둘러싼 모든 사물이 다 연결되는 초연결사회hyper-connected society를 목전에 두고 있기도 합니다. 우리 상상력을 앞서가는 새로운 기술들이 쏟아져 나오고, 그런 새로운 지식과 기술이 순식간에 전 세계로 확산될 수 있는 미디어를 갖춘 상황에서 앞으로 더 큰 변화와 더 큰 혁신이 있을 것 같습니다. 그래서 어떤 사람들은 인간의 미래 자체가 변할 수도 있다고 예언합니다. 생체 기관을 재현해내는 바이오 프린팅 기술, 더 나아가 유전자 편집 기술에 이르기까지 생명 분야에서도 우리를 놀라게 할 기술들이 기다리고 있으며, 데이터 과학의 발전과 디지털 기술의 발전은 우리를 노동으로부터 완전히 해방해 줄 수도 있을 거라고 이야기하기도 합니다.

하지만 이런 변화들은 언제나 의도하지 않은 결과들을 낳기도 합니다. 병을 고치는 모든 약이 그렇듯이, 복잡하게 얽힌 시스템의 한 부분을 건드리면 그 부분만 변화하는 것이 아니라 연결된 다른 부분이 영향을 받게 마련입니다. 기술의 발전도 마찬가지 관점에서 이해해야 합니다. 어떤 하나의 기술이 사회에 도입되면 연쇄적으로 많은 영역에 영향을 미치게 마련입니다. 그리고 분명한 것은 그런 수많은 영역의 한가운데 바로 우리 자신, 인간이 서 있다는 사실입니다.

미디어의 기능 그리고 재현 기술의 발달은 한 가지 문제를 지속적으로 환기합니다. 바로 인간의 기능 문제입니다. 미디어든 재현 기술이든 아니 그 어떤 기술이든 그것들 모두는 도구입니다. 다른 사람과의 의사소통을 위한 도구, 작은 것을 크게 해서 볼 수 있는 도구, 멀리 있는 것을 가까이 볼 수 있는 도구, 먼 곳을 빨리 갈 수 있는 도구, 무거운 것을 쉽게 들어 올릴 수 있는 도구 등, 기술은 인간이 이 세계를 인식하고 그 결과로 현실을 바꿀 수 있게 해주는 수단입니다. 재현 기술의 발전 역시 도구의 문제와 연결됩니다. 도구는 본성상 인간에게 필요한 어떤 기능을 재현해놓은 것이기 때문입니다. 비행기라는 도구는 새가 하늘을 날 수 있는 능력을 재현해낸 것입니다. 자동차 역시 말과 소의 기능을 재현해낸 것입니다. 기술의 발전은 도구의 능력을 끊임없이 개선해나갑니다. 그래서 마침내 우리는 말보다 빨리 달릴 수 있게 되었고, 새보다 빨리 하늘을 날 수도 있게 되었습니다.

이렇게 우리에게 필요한 기능을 재현하고 강화하는 기술의 발전 과정은 일종의 외주화outsourcing라고 말할 수 있습니다. 목적지에 빨리 가야 하는 일을 우리 다리가 아니라 자동차에 외주화함으로써 우리는 이전에 비해 훨씬 더 많은 일을 처리할 수 있게 되었습니다. 힘을 쓰는 일이나 정밀한 손동작이 필요한 일을 로봇에 맡긴 지는 이미 오래되었습니다. 게다가 이제는 그 자동차나 로봇을 관리하는 일마저 외주화하려고 합니다. 데이터 과학과 인공지능 기술 그리고 초연결사회가 그런 일들을 가능케 하고 있습니다.

2016년을 달군 화두 중 하나인 4차 산업혁명은 지식과 정보를 클라우딩화하고, 말단의 모든 기계적 장치들이 서로 정보를 주고받도록(요샛말로 커뮤니케이션을 할 수 있도록) 함으로써 새로운 혁신을 이루려 합니다. 간단히 말해 우리는 합리적 판단과 의사 결정을 외주화하려는 셈입니다. 그런데 그것은 아주 오랫동안 인간이 다른 존재와는 다르다고 내세울 수 있었던 바로 그 기능입니다.

2004년 미국의 한 월마트 매장에서는 흥미로운 일이 있었습니다. 허리케인이 예고되자 월마트 경영

진은 데이터 과학의 힘을 빌리기로 합니다. 바로 몇 주 전에 허리케인이 지나갔을 때, 어떤 물품들이 가장 많이 팔렸는지를 분석한 것입니다. 만약 이 자료를 사람이 분석했다면 아마도 예고된 허리케인이 다 지나가고 나서야 그 결과가 나왔을지도 모릅니다. 하지만 고도의 연산 능력을 장착한 인공지능은 이 일을 어렵지 않게 해냈습니다. 아무튼 분석 결과는 무척이나 의외였는데, 허리케인이 예고되었을 때 가장 많이 팔린 물건은 바로 맥주였습니다. 그리고 가장 높은 매출 신장률을 기록한 것은 바로 딸기타르트였습니다.

월마트 같은 슈퍼마켓에서 허리케인을 앞두고 무엇을 어떻게 준비해야 하는지를 결정하는 일은 매우 중요한 정책적 판단입니다. 매출과 직결되기 때문입니다. 그런 중요한 판단을 내리는 데 사람이 아니라, 인공지능이 도움을 준 것입니다. 게다가 이 사건은 이미 10년이나 지난 일입니다. 그 사이 기술은 얼마나 발전했을까요? 예를 들어 지난번 알파고와 이세돌 9단의 대결을 볼까요. 알파고가 판 후이 2단을 이긴 후 대여섯 달 사이에 얼마나 발전했는지를 생각해본다면, 스스로 학습하기 시작한 인공지능 기술이 앞으로 10년 후에 어떤 모습으로 우리에게 나타날지 예상하기조차 어렵습니다.

앞서 이야기한 대로 인류는 인간의 여러 기능들 중에 필요에 따라 많은 것을 외주화해왔습니다. 그것은 문명이 발전한 원동력이기도 했습니다. 그런데 이제 인간을 인간답게 해주던 고도의 판단 능력, 즉 합리성도 외주화하고 있습니다. 그래서 많은 사람이 미래를 두려운 시선으로 보기도 합니다. 그리고 인간을 인간답게 해주는 조건이 과연 무엇인지 찾으려고 합니다. 하지만 막상 그 대답을 선뜻 내놓기가 쉽지 않습니다.

게다가 우리가 어떤 기능을 외주화하기 시작하면 그리고 그 의존도가 높아지기 시작하면, 자연스럽게 본래 갖추었던 역량도 줄어들기 시작할 것입니다. 환경에 순응하는 셈이죠. 자동차를 수동으로 운전하던 사람이 자동으로 운행하는 자동차에 의존하기 시작하면, 어느 사이에 수동 차량으로 운전하는 일이 번거롭고 힘들어지기 시작합니다. 누군가 나보다 더 합리적인 판단을 해준다면 그에게 의지하는 것은 자연스러운 일입니다. 요즘 우리는 길을 찾기 위해 창밖을 보지 않습니다. 해가 어느 쪽에 떠 있는지도 보지 않습니다. 그저 왼쪽으로 가라, 오른쪽으로 가라 말해주는 내비게이션의 목소리를 들을 뿐입니다. 첨단 기술의 발전으로 인간 정체성의 경계가 모호해질수록 사람들은 인간만의 고유한 것에 관심을 집중할 수밖에 없습니다.

물론 그런 시도 자체가 인간을 우주에서 '특별한' 존재로 보려는 일종의 오만함에서 비롯하는지도 모릅니다. 인간이라고 해봐야 그저 거대한 생태계 속 한 구성원일 뿐인데, 유독 다른 존재들 위에서 군림하려는 욕망 때문이라고 말할 사람도 있을 법합니다. 그동안 인류가 자연에 저질러온 일들을 생각하면 그런 이야기를 들을 만도 하지요. 그런데 인류가 그토록 오만했다는 반성, 그 자체가 무엇을 의미하는지를 생각해볼 필요가 있습니다. 반성을 할 수 있다는 것은 우리가 윤리적 판단을 내릴 수 있는 존재임을 의미하고, 그런 판단이 가능하기 위해서는 우리의 부정적 사유 능력이 작동해야 합니다. 윤리적 행위는 본능을 부정할 수 있는 능력으로부터 비롯하기 때문입니다. 현실을 있는 그대로 받아들이기만 하는 것이 아니라, 그 현실 너머의 것을 보려는 태도가 꿈틀거려야만 합니다.

주어진 것을 부정하고 먼 미래를 보려는 시도는 인문학적, 아니 인간 정신의 고유한 특성입니다. 그것이 내세를 바라보는 종교적 태도든 혹은 부당한 현실을 혁신함으로써 유토피아를 꿈꾸는 사회학적 시선이든, 우리는 끊임없이 현실을 넘어서려고 합니다. 현실을 넘어서기 위해서는 현실의 우리를 붙잡고 있는 조건에 대한 의심이 필요합니다. 기계는 현실적 조건을 부정하지 않습니다. 오히려 그 반대입니다. 현실적 조건들을 가능한 한 정확하게 대입하려고 합니다. 이 실증성의 사유는 앞서 살펴보았듯 공학적 합리성이 작동하는 부분입니다. 앞으로 우리 삶에서 만나게 될 범용 인공지능 역시 마찬가지입니다. 확실히 우리는 합리성을 외주화하기 시작했습니다. 그러나 우리가 외주화한 합리성은 공학적 합리성입니다. 사유 방식으로 말하자면 현실적 조건을 고려해서 주어진 목표를 구현하려는 사유 방식입니다.

공학적 합리성이 꽃을 피운 시대는 근대였습니

다. 갈릴레이와 뉴턴이 그랬듯 발견하려는 사유가 근대의 문을 열었지만, 근대라는 시대의 정체성은 산업혁명을 이끌었던 공학적 합리성의 사유가 그 중심이었습니다. 우리가 지금 누리는 문명의 편의는 모두 이 시절에 시작된 것입니다. 물론 그런 편의의 첨단은 오늘날 우리로 하여금 인간의 본성이 무엇인지를 다시 묻게 만드는, 생각하는 기계의 등장입니다. 정체성을 다시 묻게 된 상황은 일종의 위기입니다. 포스트휴먼이니 트랜스휴먼이니 하며 인간의 미래를 가늠해보려는 시도들의 이면은 전통적 인간상이 근본적으로 흔들리고 있다는 사실에 대한 방증입니다. 그런데 인간 본성을 둘러싼 논쟁은 결코 새로운 논쟁이 아닙니다. 공학적 합리성이 절정에 달했던 근대에도 똑같은 논쟁이 있었습니다.

독일의 철학자 니체F. Nietzsche가 "신은 죽었다!"라고 선언했을 때, 그가 겨냥했던 것은 서구 사상 전체를 지배했던 이성적 합리주의였습니다. 그리고 그것은 이른바 철학적 '근대'에 대한 사망 선고였습니다. 철학적 근대란 완고한 계몽주의를 뜻합니다. 인간 지성의 힘으로 세계와 인간 자신을 인식하고, 이를 통해 사회를 혁신할 수 있다는 믿음이었습니다. 앞서 살펴보았던 경직된 실증주의는 완고한 계몽주의의 한 단면입니다. 오직 입증될 수 있는 것만을 사랑했고 그래서 모든 것을 측정 가능한 것으로 재현하려 했던 이들의 한계가 가치의 문제를 제대로 다루지 못하는 점이라고 앞서 이미 이야기한 바 있습니다. 그리고 하나의 입장을 독선적으로 고집하기 시작하면, 이내 폭력적으로 변하고 맙니다.

서구 사회에서 '포스트모던'이라는 형용사가 한 시대를 풍미했던 이유는 완고한 계몽주의와 경직된 실증주의가 드러낸 폭력성 때문이었습니다. '합리성'이라는 이름으로 모든 일상이, 나아가 모든 삶의 형식이 규격화됩니다. 표준으로부터 벗어나는 것은 '비정상'이 됩니다. 하지만 인간은 계몽주의자의 생각만큼 그렇게 합리적인 존재는 아닐 겁니다. 때때로 우리 내면의 폭력성을 억제하지 못해 짐승보다 못한 존재로 떨어질 때도 있습니다. 효율성만을 강조하는 치열한 경쟁 사회의 압력을 견디다 못해 반사회적 행동을 저지를 때도 있습니다. 물론 그렇기 때문에 더더욱 합리성이 강조되어야 한다고 주장할지도 모르겠습니다.

무엇이 옳고 그르냐를 떠나 무엇보다 먼저 인간의 현실을 제대로 보아야 합니다. 계몽주의나 실증주의의 반대편에 섰던 입장들은 그래서 인간의 현실을 다시 물었던 것입니다. 신은 죽었다고 선언한 니체가 그랬고, 실존은 본질에 앞선다고 말했던 사르트르가 그랬습니다. 서구 지성사의 허위의식을 폭로했던 푸코M. Foucault나 좀 더 전위적으로 나아가 계몽주의 신념의 기저에 있던 '이성'의 해체를 주장했던 데리다J. Derrida도 마찬가지입니다. 비록 개별 입장으로는 차이가 있지만, 이들을 관통하는 하나의 태도는 인간의 미래가 어떤 방식으로든 결정되어 있다는 식의 관점에 반대하는 것입니다.

요즘 우리 주변에는 미래를 '예측'하는 책들이 넘쳐납니다. 그래서 2040년이 되면 사회가 어떻게 될 것이라고 예측하고 나아가 인간의 미래를 예측합니다. 이때 주목해야 할 것은 '예언'이 아니라 '예

측'이라는 사실입니다. 마치 천문학자가 달과 태양의 궤도를 계산해서 일식과 월식을 예측하듯, 인간의 미래를 합리적이고 과학적으로 추정해내는 것입니다. 마치 근대를 지배한 계몽주의가 되살아난 듯한 기시감을 줍니다. 다만 이번에는 과거처럼 단순하고 투박한 형태가 아니라 '포스트모던post-modern'이라는 과속방지턱을 넘어선, 좀 더 세련된 형태입니다. 그래서 오늘날 우리 사회가 맞닥뜨린 시대는 '포스트-포스트-모던' 혹은 이중부정의 의미를 살려 '뉴모던new modern'이라고 부를 수 있을 듯합니다. 그런데 그 낡은 이념이 왜 다시 살아나는 것일까요? 그건 월마트 사례가 보여주듯 미리 준비하자는 것이겠죠. 미래가 어떻게 될지를 가늠해봄으로써 미리 대비하자는 뜻입니다.

흥미로운 점은 이렇게 미래를 예측하고 미리 대비함으로써, 오히려 실제 미래는 지금 예측하는 미래와는 달라지리라는 사실입니다. 우리가 예측한 미래는 아직 아무런 대비도 하지 않은 미래이기 때문입니다. 인간의 미래를 예측하는 일이 맞아떨어질 확률이 높으려면, 인간을 태양이나 달과 비슷한 대상으로 간주해야 합니다. 하지만 인간은 아주 높은 자유도를 지닌 대상입니다. 언젠가는 고도의 자유도를 지닌 개체가 어떻게 행동할지를 정확하게 계산해내는 방법을 발견해낼 수 있을지도 모르죠. 또 우리는 인간이 자유로운 존재라고 믿고 있지만, 그것이 완전한 허구라는 사실이 증명될지도 모르겠습니다. 하지만 어떤 경우라도 인간이 '미래'에 대해 끝없는 호기심을 가진 존재자라는 사실은 분명합니다. 그리고 그 미래는 아직 주어지지 않은 것이어서 우리가 어떤 선택을 하느냐에 따라 충분히 달라질 수 있다는 사실도 분명합니다.

미래를 생각해보는 일, 그것이 첨단 기술을 개발하는 사람의 예측이든 국가의 미래를 계획하는 정책입안자의 예측이든 상관없이 중요한 이유는 그렇게 미래를 '재현'하는 과정에서 현재의 선택이 의미를 띠기 때문입니다. 주어진 데이터를 바탕으로 과거의 경향성을 참조해서 미래를 계산해보는 일도 중요하겠지만, 그보다 우리가 주어진 것들을 뛰어넘어 주어지지 않은 것을 '볼 수 있는' 능력을 가졌다는 점에 주목할 필요가 있습니다. 아직 다가오지 않은 '미래'

에서 우리가 무엇을 볼 것인지가 보다 본질적인 지점입니다.

독일의 철학자 칸트는 "계몽이란 무엇인가?"라는 물음에 대해 이렇게 답합니다. 계몽이란 미성년의 상태로부터 벗어나는 것, 다시 말해 스스로 선택하고 그에 대한 책임을 지는 일입니다. 스스로 선택하고 책임을 질 수 있으려면 당연히 '스스로 생각해야' 합니다. 주어진 것을 넘어 주어지지 않은 것을 보고, 그렇게 본 것을 현실에 구현할 수 있어야 합니다. 이것이 인간 사유의 본성입니다.

참고문헌

마르퀴 드 콩도르세, «인간 정신의 진보에 관한 역사적 개요», 장세룡 역, 책세상, 2002

메리 셸리, «프랑켄슈타인», 오숙은 역, 열린책들, 2010

스티븐 와인버그, «최종 이론의 꿈», 이종필 역, 사이언스북스, 2007

에리히 프롬, «자유에서의 도피», 장경룡 역, 혜원출판사, 1991

올더스 헉슬리, «멋진 신세계», 안정효 역, 소담출판사, 2015

울리히 벡, «글로벌 위험사회», 박미애·이진우 역, 길, 2010

장 보드리야르, «시뮬라시옹», 하태환 역, 민음사, 2001

재레드 다이아몬드, «총, 균, 쇠», 김진준 역, 문학사상사, 2005

지그문트 프로이트, «정신분석 강의», 홍혜경·임홍빈 역, 열린책들, 2004

한스 게오르크 가다머, «진리와 방법 1», 이길우·이선관·임호일·한동원 역, 문학동네, 2012

한스 요나스, «책임의 원칙 : 기술시대의 생태학적 윤리», 이진우 역, 서광사, 1994

호르헤 루이스 보르헤스, «칼잡이들의 이야기», 보르헤스 전집 4, 황병화 역, 민음사, 1997

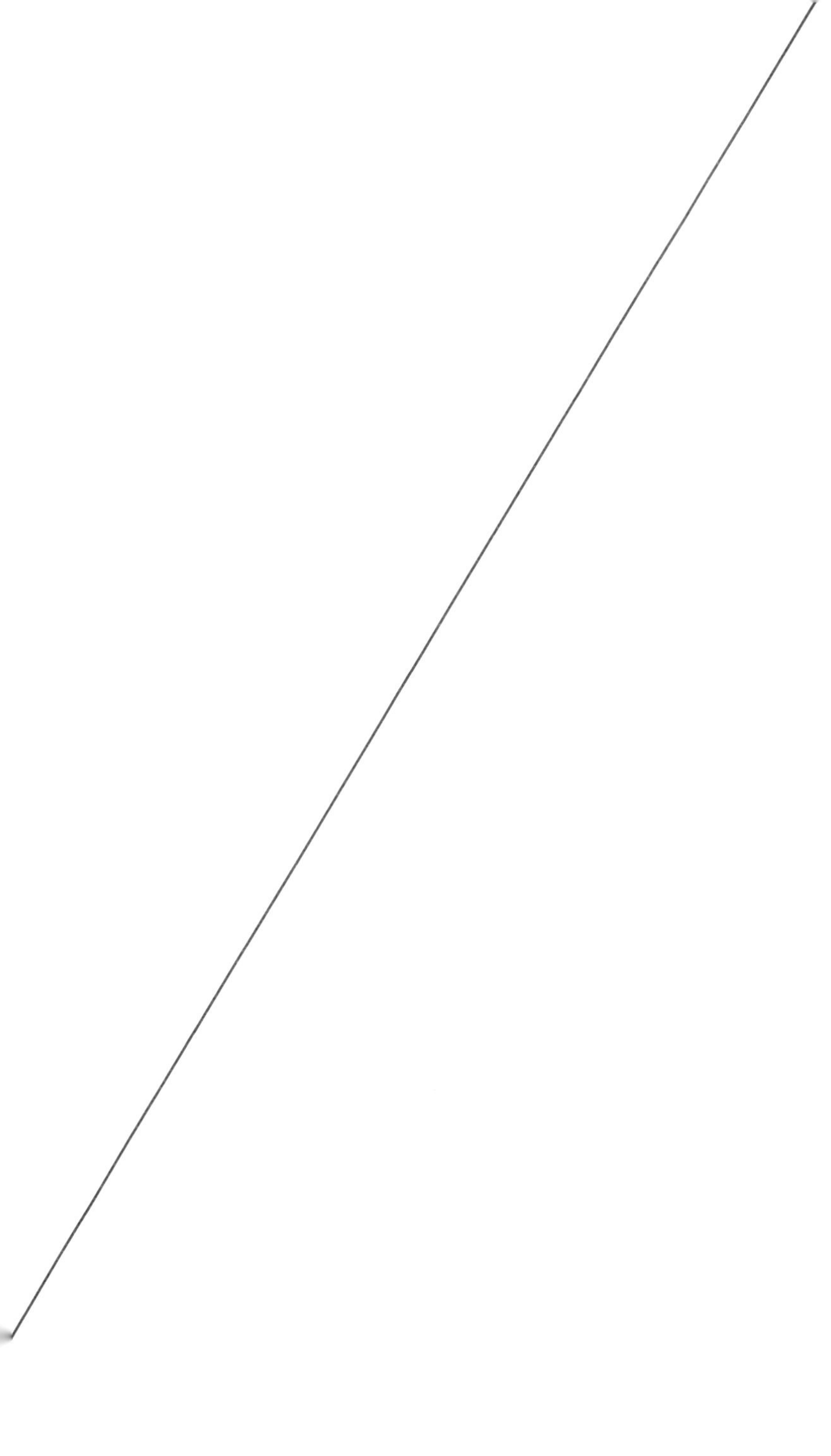

렌즈와 컴퍼스
인공지능 시대와 생각 기술

초판 1쇄 인쇄 2016년 11월 25일
초판 1쇄 발행 2016년 12월 5일

지은이 **박승억**

펴낸이 연준혁
편집인 김정희
편집 김경은
디자인 이기준

펴낸곳 로고폴리스
출판등록 2014년 11월 14일
제 2014-000213호
주소 (410-380) 경기도 고양시 일산동구
정발산로 43-20 센트럴프라자 6층
전화 (031) 936-4000 팩스 (031) 903-3895
홈페이지 www.logopolis.co.kr
전자우편 logopolis@naver.com
페이스북 www.facebook.com/logopolis123
트위터 twitter.com/logopolis3

값 14,000원
ISBN 979-11-86499-39-9 03100

- 로고폴리스는 (주)위즈덤하우스의 임프린트입니다.

- 이 도서의 국립중앙도서관 출판시도서목록(CIP)은
서지정보유통지원시스템 홈페이지(http://seoji.nl.go.kr)와
국가자료공동목록시스템(http://www.nl.go.kr/kolisner)에서
이용하실 수 있습니다.(CIP 제어번호 : 2016027861)
- 이 책은 한국출판문화산업진흥원 2016년 우수출판콘텐츠
제작 지원 사업 선정작입니다.